法藏知津

八 編

杜潔祥 主編

第 17 冊

禪茶藝文錄（中）

馮天春 編著

花木蘭文化事業有限公司

國家圖書館出版品預行編目資料

禪茶藝文錄（中）／馮天春 編著 -- 初版 -- 新北市：花木蘭
文化事業有限公司，2022〔民 111〕
目 16+210 面；19×26 公分
（法藏知津八編 第 17 冊）
ISBN 978-986-518-638-8（精裝）
1. 禪宗 2. 茶藝 3. 中國詩
011.08   110012099

ISBN-978-986-518-638-8

9 789865 186388

法藏知津八編
第十七冊   ISBN：978-986-518-638-8

禪茶藝文錄（中）

編　　著　馮天春
主　　編　杜潔祥
副總編輯　楊嘉樂
編輯主任　許郁翎
編　　輯　張雅淋、潘玟靜、劉子瑄　美術編輯　陳逸婷
出　　版　花木蘭文化事業有限公司
發 行 人　高小娟
聯絡地址　235 新北市中和區中安街七二號十三樓
　　　　　電話：02-2923-1455／傳真：02-2923-1452
網　　址　http://www.huamulan.tw 信箱 service@huamulans.com
印　　刷　普羅文化出版廣告事業
初　　版　2022 年 3 月
定　　價　八編 22 冊（精裝）新台幣 50,000 元

禪茶藝文錄（中）

馮天春　編著

第二編　文士茶詩

0331. 六羨歌 〔註1〕

〔唐〕陸羽 〔註2〕

不羨黃金罍 〔註3〕，

不羨白玉杯，

不羨朝入省，

不羨暮入臺， 〔註4〕

千羨萬羨西江水 〔註5〕，

曾向竟陵城下來 〔註6〕。

——《全唐詩》第 308 卷第 7 首。

〔註1〕因歌中有六個「羨」字，遂得其名。實際上，歌中有「羨」也有「不羨」。

〔註2〕陸羽（733～804），字鴻漸，今湖北天門人，一名疾，字季疵，號竟陵子、桑苧翁、東岡子，又號「茶山御史」。因撰《茶經》而聞名於世，有「茶聖」「茶神」「茶祖」諸名號。

〔註3〕罍〔léi〕：古代器名，青銅製，也有陶製的，用來盛酒和水。

〔註4〕省、臺：漢代尚書臺在宮禁之中，其時稱禁中為省中，故稱臺省。入省入臺，即從政做官之意。

〔註5〕西江水：陸羽家鄉的水。

〔註6〕竟陵：約今湖北省天門市。

0332. 走筆謝孟諫議寄新茶〔註7〕

〔唐〕盧仝〔註8〕

日高丈五睡正濃，軍將打門驚周公〔註9〕。

口云諫議送書信，白絹斜封三道印〔註10〕。

開緘宛見諫議面，手閱月團〔註11〕三百片。

聞道新年入山裏，蟄蟲驚動春風起。

天子須嘗陽羨茶〔註12〕，百草不敢先開花。

仁風暗結珠琲瓃〔註13〕，先春抽出黃金芽。

摘鮮焙芳旋封裹，至精至好且不奢。

至尊之餘合王公，何事便到山人家。

柴門反關無俗客，紗帽籠頭自煎吃。

碧雲引風〔註14〕吹不斷，白花〔註15〕浮光凝碗面。

一碗喉吻潤，兩碗破孤悶。

三碗搜枯腸，唯有文字五千卷。

四碗發輕汗，平生不平事，盡向毛孔散。

五碗肌骨清，六碗通仙靈。

七碗吃不得也，唯覺兩腋習習清風生。

蓬萊山，在何處？

玉川子〔註16〕，乘此清風欲歸去。

山上群仙司下土，地位清高隔風雨。

安得知百萬億蒼生命，墮在巔崖受辛苦！

〔註7〕走筆：揮毫疾書。孟諫議：即孟簡，生平不詳。諫議，朝廷言官名。

〔註8〕盧仝（約775～835），范陽（今河北涿州市）人，著有《茶譜》《玉川子詩集》，被尊為「茶仙」。

〔註9〕周公，指睡夢。

〔註10〕白絹包茶，密封三道泥印。

〔註11〕月團：指茶餅。

〔註12〕陽羨：古屬今江蘇常州。《茶事拾遺》：「（張芸叟）云：有唐茶品，以陽羨為上。」

〔註13〕琲瓃：珠玉，喻茶嫩芽。

〔註14〕碧云：指茶的色澤。風，指煎茶時的滾沸聲。

〔註15〕白花：指煎茶時浮起的泡沫。

〔註16〕盧仝自號玉川子。

便為諫議問蒼生，到頭還得蘇息否？

——《全唐詩》第 388 卷第 10 首。

0333. 訪含曦上人

〔唐〕盧仝

三入寺，曦未來。

轆轤無人井百尺，

渴心歸去生塵埃。

——《全唐詩》第 387 卷第 25 首。

0334. 涼風亭睡覺

〔唐〕裴度〔註17〕

飽食緩行初睡覺，一甌新茗侍兒煎。

脫巾斜倚繩床坐，風送水聲來耳邊。

——《全唐詩》第 335 卷第 16 首。

0335. 答族侄僧中孚贈玉泉仙人掌茶〔註18〕

〔唐〕李白

余聞荊州玉泉寺近清溪諸山〔註19〕，山洞往往有乳窟，窟中多玉泉交流，其中有白蝙蝠，大如鴉。按《仙經》，蝙蝠一名仙鼠，千歲之後，體白如雪〔註20〕，棲則倒懸，蓋飲乳水而長生也〔註21〕。其水邊處處有茗草羅生〔註22〕，枝葉如碧玉。惟玉泉真公常採而飲之〔註23〕，年八十餘歲，顏色如桃李。而此茗

〔註17〕裴度（765～839），字中立，山西人。貞元五年進士。唐憲宗元和年間拜相，後封晉國公，至中書令。

〔註18〕此詩據說是「名茶入詩」的最早詩篇。

〔註19〕《方輿勝覽》載：「玉泉寺，在荊門軍當陽縣西南二十里。玉泉山，陳光大中浮屠智顗，自天台飛錫來居此。山寺雄於一方，殿前有金龜池。」

〔註20〕千年仙鼠典故，按《抱朴子》：「千歲蝙蝠，色如白雪，集則倒懸，腦重故也。」

〔註21〕《本草拾遺》云：「乳穴水，近乳穴處流出之泉也。人多取水作飲、釀酒，大有益。其水濃者，稱之，重於他水；煎之，上有鹽花，此真乳液也。」

〔註22〕《說文》：「茗，茶芽也。」郭璞《爾雅注》：「茶樹小如梔子，冬生葉可煮作羹飲。」

〔註23〕呂溫《南嶽彌陀寺承遠和尚碑》云：「開元二十三年，至荊州玉泉寺謁蘭若真和尚，即玉泉真公也。」

清香滑熟，異於他者，所以能還童振枯，扶人壽也。余遊金陵，見宗僧中孚，示余茶數十片，拳然重叠，其狀如手，號為「仙人掌茶」。蓋新出乎玉泉之山，曠古未覿。因持之見遺，兼贈詩，要余答之，遂有此作。後之高僧大隱，知仙人掌茶發乎中孚禪子及青蓮居士李白也。

> 常聞玉泉山，山洞多乳窟。
> 仙鼠如白鴉，倒懸清溪月。
> 茗生此中石，玉泉流不歇。
> 根柯灑芳津，彩服潤肌骨。
> 叢老卷綠葉，枝枝相接連。
> 曝成仙人掌，似拍洪崖肩。〔註24〕
> 舉世未見之，其名定誰傳。
> 宗英乃禪伯，投贈有佳篇。
> 清鏡燭無鹽，顧慚西子妍。〔註25〕
> 朝坐有餘興，長吟播諸天。〔註26〕
> ——《全唐詩》第 178 卷第 23 首。

0336. 重過何氏五首〔註27〕

〔唐〕杜甫

一

> 問訊東橋竹，將軍有報書。
> 倒衣還命駕，高枕乃吾廬。
> 花妥鶯捎蝶，溪喧獺趁魚。
> 重來休沐地，真作野人居。

二

> 山雨樽仍在，沙沉榻未移。
> 犬迎曾宿客，鴉護落巢兒。

〔註24〕郭璞詩有句：「左挹浮丘袖，右拍洪崖肩。」洪崖，傳為三皇時藝人。
〔註25〕《新序》云：「齊有婦人，極醜無雙，號曰無鹽女。」
〔註26〕佛教宇宙觀，總有三十三天，自「四天王」至「非有想非無想」之三界三十二天稱為諸天。
〔註27〕何氏：何將軍。

雲薄翠微寺，天清皇子陂。
向來幽興極，步屧過東籬。

三

落日平臺上，春風啜茗時。
石欄斜點筆，桐葉坐題詩。
翡翠鳴衣桁，蜻蜓立釣絲。
自今幽興熟，來往亦無期。

四

頗怪朝參懶，應耽野趣長。
雨拋金鎖甲，苔臥綠沉槍。
手自移蒲柳，家才足稻粱。
看君用幽意，白日到羲皇。

五

到此應常宿，相留可判年。
蹉跎暮容色，悵望好林泉。
何日沾微祿，歸山買薄田？
斯遊恐不遂，把酒意茫然。
——《全唐詩》第 224 卷第 39 首。

0337. 送陸鴻漸棲霞寺採茶

〔唐〕皇甫冉

採茶非採菉，遠遠上房屋。
布葉春風暖，盈筐白日斜。
舊知山寺路，時宿野人家。
借向王孫草，何時泛碗花？
——《全唐詩》第 249 卷第 80 首。

0338. 尋戴處士

〔唐〕皇甫冉

車馬長安道，誰知大隱心。

蠻僧留古鏡，蜀客寄新琴。

曬藥竹齋暖，搗茶松院深。

思君一相訪，殘雪似山陰。

——唐皇甫冉、皇甫曾：《二皇甫詩集》第 3 卷，第 18 頁，《四庫全
書》集部·總集類，第 1332 冊，第 298 頁。

0339. 送陸鴻漸山人採茶回

〔唐〕皇甫曾

千峰待逋客，香茗復叢生。

採摘知深處，煙霞羨獨行。

幽期山寺遠，野飯石泉清。

寂寂燃燈夜，相思一磬聲。

——《全唐詩》第 210 卷第 13 首。

0340. 同皇甫侍御題薦福寺一公房

〔唐〕李嘉祐

虛室獨焚香，林空靜磬長。

閒窺數竿竹，老在一繩床。

啜茗翻真偈，燃燈繼夕陽。

人歸遠相送，步履出迴廊。

——《全唐詩》第 206 卷第 46 首。

0341. 秋曉招隱寺東峰茶宴，送內弟閻伯均歸江州

〔唐〕李嘉祐

萬畦新稻傍山村，數里深松到寺門。

幸有香茶留稚子，不堪秋草送王孫。

煙塵怨別唯愁隔，井邑蕭條誰忍論。

莫怪臨歧獨垂淚，魏舒偏念外家恩。

——《全唐詩》第 207 卷第 21 首。

0342. 即事二首

〔唐〕司空圖

一

茶爽添詩句，天清瑩道心。

只留鶴一隻，此外是空林。

二

御禮徵奇策，人心注盛時。

從來留振滯，只待濟臨危。

——《全唐詩》第 632 卷第 52 首。

0343. 重陽日訪元秀上人

〔唐〕司空圖

紅葉黃花秋景寬，醉吟朝夕在樊川。

卻嫌今日登山俗，且共高僧對榻眠。

別畫長懷吳寺壁，宜茶偏賞霅溪泉。

歸來童稚爭相笑，何事無人與酒船。

——《全唐詩》第 632 卷第 29 首。

0344. 慈恩寺塔下避暑

〔唐〕劉得仁

古松凌巨塔，修竹映空廊。

竟日聞虛籟，深山只此涼。

僧真生我靜，水淡發茶香。

坐久東樓望，鐘聲振夕陽。

——《全唐詩》第 544 卷第 90 首。

0345. 謝朱常侍寄貺蜀茶剡紙二首

〔唐〕崔道融〔註28〕

一

瑟瑟香塵瑟瑟泉，驚風驟雨起爐煙。
一甌解卻山中醉，便覺身輕欲上天。

二

百幅輕明雪未融，薛家凡紙漫深紅。
不應點染閒言語，留記將軍蓋世功。

——《全唐詩》第 714 卷第 58 首。

0346. 茶詩

〔唐〕鄭邀〔註29〕

嫩芽香且靈，吾謂草中英。
夜臼和煙搗，寒爐對雪烹。
惟憂碧粉散，常見綠花生。
最是堪珍重，能令睡思清。

——《全唐詩》第 855 卷第 2 首。

0347. 蜀茗詞

〔唐〕施肩吾〔註30〕

越碗初盛蜀茗新，薄煙輕處攪來勻。
山僧問我將何比，欲道瓊漿卻畏嗔。

——《全唐詩》第 494 卷第 130 首。

〔註28〕崔道融（880～907），自號東甌散人，湖北江陵人，有《申唐詩》三卷、《東浮集》九卷傳世。

〔註29〕鄭邀（866～939），字雲叟，唐昭宗時河南人。累試不第，遂退隱種田，與李道殷、羅隱諸名士品茶酬唱。

〔註30〕此為唐代施肩吾（780～861），字東齋，號棲真子。另，亦有北宋高道稱施肩吾者。

0348. 春霽

〔唐〕施肩吾

煎茶水裏花千片，候客亭中酒一樽。

獨對春光還寂寞，羅浮道士忽敲門。

——《全唐詩》第 494 卷第 131 首。

0349. 題德玄上人院

〔唐〕杜荀鶴

刳得心來忙處閒，閒中方寸闊於天。

浮生自是無空性，長壽何曾有百年。

罷定磬敲松罅月，解眠茶煮石根泉。

我雖未似師披衲，此理同師悟了然。

——《全唐詩》第 692 卷第 29 首。

0350. 贈吳官

〔唐〕王維

長安客舍熱如煮，無個茗糜難禦暑。

空搖白團其諦苦，欲向縹囊還歸旅。

江鄉鯖鮓不寄來，秦人湯餅那堪許。

不如儂家任挑達，草屬撈蝦富春渚。

——《全唐詩》第 125 卷第 59 首。

0351. 酬嚴少尹徐舍人見過不遇

〔唐〕王維

公門暇日少，窮巷故人稀。

偶值乘籃輿，非關避白衣。

不知炊黍穀，誰解掃荊扉。

君但傾茶碗，無妨騎馬歸。

——《全唐詩》第 126 卷第 23 首。

0352. 河南嚴尹弟見宿弊廬訪別人賦十韻

〔唐〕王維

上客能論道，吾生學養蒙。

貧交世情外，才子古人中。

冠上方簪豸，車邊已畫熊。

拂衣迎五馬，垂手憑雙童。

花醥和松屑，茶香透竹叢。

薄霜澄夜月，殘雪帶春風。

古壁蒼苔黑，寒山遠燒紅。

眼看東候別，心事北川同。

為學輕先輩，何能訪老翁。

欲知今日後，不樂為車公。

——《全唐詩》第 127 卷第 26 首。

0353. 西塔寺陸羽茶泉

〔唐〕裴迪

竟陵西塔寺，蹤跡尚空虛。

不獨支公住，曾經陸羽居。

草堂荒產蛤，茶井冷生魚。

一汲清泠水，高風味有餘。

——《全唐詩》第 129 卷第 37 首。

0354. 一字至七字茶詩

〔唐〕元稹

茶，

香葉，嫩芽，

慕詩客，愛僧家。

碾雕白玉，羅織紅紗。

銚煎黃蕊色，碗轉曲塵花。

夜後邀陪明月，晨前命對朝霞。

洗盡古今人不倦，將至醉後豈堪誇。

——《全唐詩》第 423 卷第 24 首。

0355. 送象上人還山中

〔唐〕鄭巢

竹錫與袈裟，靈山笑暗霞。
泉痕生淨蘚，燒力落寒花。
高戶閒聽雪，空窗靜搗茶。
終期宿華頂，須會說三巴。

——《全唐詩》第 504 卷第 15 首。

0356. 送琇上人

〔唐〕鄭巢

古殿焚香外，清羸坐石棱。
茶煙開瓦雪，鶴跡上潭冰。
孤磬侵雲動，靈山隔水登。
白雲歸意遠，舊寺在廬陵。

——《全唐詩》第 504 卷第 17 首。

0357. 夏晝偶作

〔唐〕柳宗元

南州溽暑醉如酒，隱几熟眠開北牖。
日午獨覺無餘聲，山童隔竹敲茶臼。

——《全唐詩》第 352 卷第 53 首。

0358. 巽上人以竹間自採新茶見贈，酬之以詩

〔唐〕柳宗元

芳叢翳湘竹，零露凝清華。
復此雪山客，晨朝掇靈芽。
蒸煙俯石瀨，咫尺凌丹崖。
圓方麗奇色，圭璧無纖瑕。

呼兒爨金鼎，餘馥延幽遐。
滌慮發真照，還源蕩昏邪。
猶同甘露飲，佛事薰毗耶。
咄此蓬瀛侶，無乃貴流霞。

——《全唐詩》第 351 卷第 9 首。

0359. 西山蘭若試茶歌

〔唐〕劉禹錫

山僧後簷茶數叢，春來映竹抽新茸。
宛然為客振衣起，自傍芳叢摘鷹觜。
斯須炒成滿室香，便酌砌下金沙水。
驟雨松聲入鼎來，白雲滿碗花徘徊。
悠揚噴鼻宿酲散，清峭徹骨煩襟開。
陽崖陰嶺各殊氣，未若竹下莓苔地。
炎帝雖嘗未解煎，桐君有籙那知味。
新芽連拳半未舒，自摘至煎俄頃餘。
木蘭沾露香微似，瑤草臨波色不如。
僧言靈味宜幽寂，采采翹英為嘉客。
不辭緘封寄郡齋，磚井銅爐損標格。
何況蒙山顧渚春，白泥赤印走風塵。
欲知花乳清泠味，須是眠雲跂石人。

——《全唐詩》第 356 卷第 15 首。

0360. 酬樂天閒臥見寄

〔唐〕劉禹錫

散誕向陽眠，將閒敵地仙。
詩情茶助爽，藥力酒能宣。
風碎竹間日，露明池底天。
同年未同隱，緣欠買山錢。

——《全唐詩》第 358 卷第 36 首。

0361. 送蘄州李郎中赴任

〔唐〕劉禹錫

楚關蘄水路非賒，東望雲山日夕佳。
薜葉照人呈夏簟，松花滿碗試新茶。
樓中飲興因明月，江上詩情為晚霞。
北地交親長引領，早將玄鬢到京華。

——《全唐詩》第 359 卷第 14 首。

0362. 嘗茶

〔唐〕劉禹錫

生拍芳叢鷹嘴芽，老郎封寄謫仙家。
今宵更有湘江月，照出霏霏滿碗花。

——《全唐詩》第 365 卷第 114 首。

0363. 題禪院〔註31〕

〔唐〕杜牧

觥船一棹百分空，十歲青春不負公。
今日鬢絲禪榻畔，茶煙輕揚落花風。

——《全唐詩》第 522 卷第 68 首。

0364. 題宜興茶山

〔唐〕杜牧

山實東吳秀，茶稱瑞草魁。
剖符雖俗吏，修貢亦仙才。
溪盡停蠻棹，旗張卓翠苔。
柳村穿窈窕，松澗渡喧豗。
等級雲峰峻，寬平洞府開。
拂天聞笑語，特地見樓臺。
泉嫩黃金湧，牙香紫璧裁。

〔註31〕亦名《醉後題僧院》。

拜章期沃日，輕騎疾奔雷。

舞袖嵐侵潤，歌聲谷呇回。

磬音藏葉鳥，雪豔照潭梅。

好是全家到，兼為奉詔來。

樹陰香作帳，花徑落成堆。

景物殘三月，登臨愴一杯。

重遊難自克，俛首入塵埃。

——《全唐詩》第 522 卷第 37 首。

0365. 津梁寺採新茶 〔註32〕

〔唐〕武元衡

靈卉碧岩下，蒬英初散芳。

塗塗宿霜露，采采不盈筐。

陰竇藏煙濕，單衣染焙香。

幸將調鼎味，一為奏明光。

——《全唐詩》第 316 卷第 35 首。

0366. 茶嶺

〔唐〕韋處厚

顧渚吳商絕，蒙山蜀信稀。

千叢因此始，含露紫英肥。

——《全唐詩》第 479 卷第 15 首。

0367. 送別友人

〔唐〕姚合

獨向山中覓紫芝，山人勾引住多時。

摘花浸酒春愁盡，燒竹煎茶夜臥遲。

泉落林梢多碎滴，松生石底足旁枝。

〔註32〕此詩亦名《津梁寺採新茶與幕中諸公遍賞芳香尤異因題四韻兼呈陸郎中》。

明朝卻欲歸城市，問我來時總不知。

——《全唐詩》第 496 卷第 49 首。

0368. 寄楊工部聞毗陵舍弟自罨溪入茶山

〔唐〕姚合

採茶溪路好，花影半浮沉。

畫舸僧同上，春山客共尋。

芳新生石際，幽嫩在山陰。

色是春光染，香驚日色侵。

試嘗應酒醒，封進定恩深。

芳貽千里外，怡怡太府吟。

——《全唐詩》第 497 卷第 33 首。

0369. 乞新茶

〔唐〕姚合

嫩綠微黃碧澗春，採時聞道斷葷辛。

不將錢買將詩乞，借問山翁有幾人。

——《全唐詩》第 500 卷第 38 首。

0370. 尋僧不遇

〔唐〕姚合

入門愁自散，不假見僧翁。

花落煎茶水，松生醒酒風。

拂床尋古畫，拔刺看新叢。

別有遊人見，多疑住此中。

——《全唐詩》第 501 卷第 57 首。

0371. 謝劉相寄天柱茶

〔唐〕薛能

兩串春團敵夜光，名題天柱印維揚。

偷嫌曼倩桃無味，搗覺嫦娥藥不香。

惜恐被分緣利市，盡應難覓為供堂。

粗官寄與真拋卻，賴有詩情合得嘗。

——《全唐詩》第 560 卷第 63 首。

0372. 蜀州鄭使君寄烏嘴茶因以贈答八韻

〔唐〕薛能

鳥嘴擷渾牙，精靈勝鏌鋣。

烹嘗方帶酒，滋味更無茶。

拒碾幹聲細，撐封利穎斜。

銜蘆齊勁實，啄木聚菁華。

鹽損添常誡，薑宜著更誇。

得來拋道藥，攜去就僧家。

旋覺前甌淺，還愁後信賒。

千慚故人意，此惠敵丹砂。

——《全唐詩》第 560 卷第 13 首。

0373. 新雪八韻 〔註33〕

〔唐〕薛能

大雪滿初晨，開門萬象新。

龍鍾雞未起，蕭索我何貧。

耀若花前境，清如物外身。

細飛斑戶牖，干灑亂松筠。

正色凝高嶺，隨流助要津。

鼎消微是滓，車碾半和塵。

茶興留詩客，瓜情想戍人。

終篇本無字，誰別勝陽春。

——《全唐詩》第 558 卷第 1 首。

〔註33〕亦名《閑居新雪》。

0374. 寄終南隱者

〔唐〕薛能

海日東南出，應開嶺上扉。

掃壇花入簀，科竹露沾衣。

飯後嫌身重，茶中見鳥歸。

相思愛民者，難說與親違。

——《全唐詩》第 558 卷第 9 首。

0375. 龍山人惠石廩方及團茶

〔唐〕李群玉

客有衡嶽隱，遺予石廩茶。

自云凌煙露，採掇春山芽。

圭璧相壓疊，積芳莫能加。

碾成黃金粉，輕嫩如松花。

紅爐炊霜枝，越甌斟井華。

灘聲起魚眼，滿鼎漂清霞。

凝澄坐曉燈，病眼如蒙紗。

一甌拂昏寐，襟鬲開煩拏。

顧渚與方山，諸人留品差。

持甌默吟詠，搖膝空諮嗟。

——《全唐詩》第 568 卷第 35 首。

0376. 答友人寄新茗

〔唐〕李群玉

滿火芳香碾曲塵，吳甌湘水綠花新。

愧君千里分滋味，寄與春風酒渴人。

——《全唐詩》第 570 卷第 46 首。

0377. 茶山貢焙歌

〔唐〕李郢

使君愛客情無已，客在金臺價無比。

春風三月貢茶時，盡逐紅旌到山裏。
焙中清曉朱門開，筐箱漸見新芽來。
陵煙觸露不停採，官家赤印連帖催。
朝饑暮匐誰興哀，喧闐競納不盈掬。
一時一餉還成堆，蒸之馥馥香勝梅。
研膏架動轟如雷，茶成拜表貢天子。
萬人爭啖春山摧，驛騎鞭聲杳流電。
半夜驅夫誰復見，十日王程路四千。
到時須及清明宴，吾君可謂納諫君。
諫官不諫何由聞，九重城裏雖玉食。
天涯吏役長紛紛，使君憂民慘容色。
就焙嘗茶坐諸客，幾回到口重諮嗟。
嫩綠鮮芳出何力，山中有酒亦有歌。
樂營房戶皆仙家，仙家十隊酒百斛。
金絲宴饌隨經過，使君是日憂思多。
客亦無言徵綺羅，殷勤繞焙復長歎。
官府例成期如何！吳民吳民莫憔悴，
使君作相期蘇爾。

——《全唐詩》第 590 卷第 3 首。

0378. 故人寄茶

〔唐〕曹鄴〔註34〕

劍外九華英，緘題下玉京。
開時微月上，碾處亂泉聲。
半夜招僧至，孤吟對月烹。
碧澄霞腳碎，香泛乳花輕。
六腑睡神去，數朝詩思清。
用餘不敢費，留伴肘書行。

——《全唐詩》第 592 卷第 61 首。

〔註34〕一作李德裕詩。

0379. 題山居

〔唐〕曹鄴

掃葉煎茶摘葉書，心閒無夢夜窗虛。
只應光武恩波晚，豈是嚴君戀釣魚。

——《全唐詩》第 592 卷第 52 首。

0380. 採茶歌 〔註35〕

〔唐〕秦韜玉

天柱香芽露香發，爛研瑟瑟穿荻篾。
太守憐才寄野人，山童碾破團圓月。
倚雲便酌泉聲煮，獸炭潛然蚌珠吐。
看著晴天早日明，鼎中颯颯篩風雨。
老翠香塵下才熱，攪時繞著天雲綠。
耽書病酒兩多情，坐對閩甌睡先足。
洗我胸中幽思清，鬼神應愁歌欲成。

——《全唐詩》第 670 卷第 33 首。

0381. 東亭茶宴

〔唐〕鮑君徽

閒朝向曉出簾櫳，茗宴東亭四望通。
遠眺城池山色裏，俯聆絃管水聲中。
幽篁映沼新抽翠，芳槿低簷欲吐紅。
坐久此中無限興，更憐團扇起清風。

——《全唐詩》第 7 卷第 8 首。

0382. 一公新泉 〔註36〕

〔唐〕嚴維

山下新泉出，泠泠北去源。
落池才有響，噴石未成痕。

〔註35〕亦名《紫筍茶歌》。
〔註36〕又名《題靈一上人院新泉》。

獨映孤松色，殊分眾鳥喧。

唯當清夜月，觀此啟禪門。

——《全唐詩》第 263 卷第 12 首。

0383. 奉和獨孤中丞遊雲門寺

〔唐〕嚴維

絕巘開花界，耶溪極上源。

光輝三獨坐，登陟五雲門。

深木鳴驪馱，晴山曜武賁。

亂泉觀坐臥，疏磬發朝昏。

蒼翠新秋色，莓苔積雨痕。

上方看度鳥，後夜聽吟猿。

異跡焚香對，新詩酌茗論。

歸來還撫俗，諸老莫攀轅。

——《全唐詩》第 263 卷第 23 首。

0384. 贈李太守

〔唐〕于鵠

幾年為郡守，家似布衣貧。

沽酒迎幽客，無金與近臣。

搗茶書院靜，講易藥堂春。

歸闕功成後，隨車有野人。

——《全唐詩》第 310 卷第 22 首。

0385. 送人歸吳興

〔唐〕許渾

綠水棹雲月，洞庭歸路長。

春橋懸酒幔，夜柵集茶檣。

箬葉沉溪暖，蘋花繞郭香。

應逢柳太守，為說過瀟湘。

——《全唐詩》第 531 卷第 22 首。

0386. 溪亭二首

〔唐〕許渾

一

溪亭四面山，橫柳半溪灣。
蟬響螗蜋急，魚深翡翠閒。
水寒留客醉，月上與僧還。
猶戀蕭蕭竹，西齋未掩關。

二

暖枕眠溪柳，僧齋昨夜期。
茶香秋夢後，松韻晚吟時。
共戲魚翻藻，爭棲鳥墮枝。
重陽應一醉，栽菊助東籬。

——許渾：《丁卯詩集》卷下，第 24～25 頁，《四庫全書》集部·別集
類，第 1082 冊，第 595 頁。

0387. 尚書惠蠟麵茶

〔唐〕徐夤

武夷春暖月初圓，採摘新芽獻地仙。
飛鵲印成香蠟片，啼猿溪走木蘭船。
金槽和碾沉香末，冰碗輕涵翠縷煙。
分贈恩深知最異，晚鐺宜煮北山泉。

——《全唐詩》第 708 卷第 73 首。

0388. 山中言事

〔唐〕方干

日與村家事漸同，燒松啜茗學鄰翁。
池塘月撼芙蕖浪，窗戶涼生薜荔風。
書幌晝昏嵐氣裏，巢枝俯折雪聲中。
山陰釣叟無知己，窺鏡捋多鬢欲空。

——《全唐詩》第 651 卷第 1 首。

0389. 初歸鏡中寄陳端公

〔唐〕方干

去歲離家今歲歸，孤帆夢向鳥前飛。

必知蘆筍侵沙井，兼被藤花占石磯。

雲島採茶常失路，雪龕中酒不關扉。

故交若問逍遙事，玄冕何曾勝葦衣。

——《全唐詩》第 651 卷第 35 首。

0390. 西蜀淨眾寺松溪八韻兼寄小筆崔處士

〔唐〕鄭谷

松因溪得名，溪吹答松聲。

繚繞能穿寺，幽奇不在城。

寒煙齋後散，春雨夜中平。

染岸蒼苔古，翹沙白鳥明。

澄分僧影瘦，光徹客心清。

帶梵侵雲響，和鍾擊石鳴。

淡烹新茗爽，暖泛落花輕。

此景吟難盡，憑君畫入京。

——《全唐詩》第 675 卷第 4 首。

0391. 雪中偶題

〔唐〕鄭谷〔註37〕

亂飄僧舍茶煙濕，密灑歌樓酒力微。

江上晚來堪畫處，漁人披得一蓑歸。

——《全唐詩》第 675 卷第 37 首。

0392. 峽中嘗茶

〔唐〕鄭谷

蔟蔟新英摘露光，小江園裏火煎嘗。

〔註37〕鄭谷（851～910），字守愚，江西宜春人。唐僖宗年間進士，因作《鷓鴣詩》，人送諧音鄭鷓鴣。

吳僧漫說鴉山好，蜀叟休誇鳥觜香。
合座半甌輕泛綠，開緘數片淺含黃。
鹿門病客不歸去，酒渴更知春味長。

——《全唐詩》第 676 卷第 10 首。

0393. 題興善寺

〔唐〕鄭谷

寺在帝城陰，清虛勝二林。
蘚侵隋畫暗，茶助越甌深。
巢鶴和鍾唳，詩僧倚錫吟。
煙莎後池水，前跡杳難尋。

——《全唐詩》第 676 卷第 89 首。

0394. 茶中雜詠〔註 38〕

〔唐〕皮日休

一、茶塢

閒尋堯氏山，遂入深深塢。
種荈已成園，栽葭寧記畝。
石窪泉似掬，岩罅雲如縷。
好是夏初時，白花滿煙雨。

〔註 38〕《茶中雜詠》曾有序言，茲錄以作參考：「按《周禮·酒正》之職辨，四飲之物，其三曰漿。又漿人之職，供王之六飲。水漿醴涼醫酏，入於酒府。鄭司農云：以水和酒也。蓋當時人率以酒醴為飲，謂乎六漿，酒之醨者也。何得姬公製《爾雅》云：檟苦茶即不擷而飲之，豈聖人之純於用乎。亦草木之濟人，取捨有時也。自周以降，及於國朝，茶事竟陵子，陸季疵言之詳矣。然季疵以前，稱茗飲者，必渾以烹之，與夫瀹蔬而啜者無異也。季疵始為經三卷，由是分其源，制其具，教其造，設其器，命其煮。飲之者除痟而去癘，雖疾醫之不若也。其為利也，於人豈小哉。余始得季疵書，以為備之矣。後又獲其《顧渚山記》二篇，其中多茶事。後又太原溫從雲、武威段碢之各補茶事十數節，並存於方冊。茶之事由周至今，竟無纖遺矣。昔晉杜育有荈賦，季疵，有茶歌，余缺然於懷者，謂有其具而不形於詩，亦季疵之餘恨也。遂為十詠，寄天隨子。」（見陳夢雷：《欽定古今圖書集成·經濟彙編·食貨典》第 293 卷茶部藝文一，第 699 冊，第 31 葉。）

二、茶人

生於顧渚山，老在漫石塢。
語氣為茶菇，衣香是煙霧。
庭從穎子遮，果任獯師虜。
日晚相笑歸，腰間佩輕簍。

三、茶筍

袖然三五寸，生必依岩洞。
寒恐結紅鉛，暖疑銷紫汞。
圓如玉軸光，脆似瓊英凍。
每為遇之疏，南山掛幽夢。

四、茶籝

筺篰曉攜去，驀個山桑塢。
開時送紫茗，負處沾清露。
歇把傍雲泉，歸將掛煙樹。
滿此是生涯，黃金何足數。

五、茶舍

陽崖枕白屋，幾口嬉嬉活。
棚上汲紅泉，焙前蒸紫蕨。
乃翁研茗後，中婦拍茶歇。
相向掩柴扉，清香滿山月。

六、茶灶

南山茶事動，灶起岩根傍。
水煮石發氣，薪然杉脂香。
青瓊蒸後凝，綠髓炊來光。
如何重辛苦，一一輸膏粱。

七、茶焙

鑿彼碧岩下，恰應深二尺。
泥易帶雲根，燒難礙石脈。
初能燥金餅，漸見乾瓊液。
九里共杉林，相望在山側。

八、茶鼎

龍舒有良匠，鑄此佳樣成。
立作菌蠢勢，煎為潺湲聲。
草堂暮雲陰，松窗殘雪明。
此時勻復茗，野語知逾清。

九、茶甌

邢客與越人，皆能造茲器。
圓似月魂墮，輕如雲魄起。
棗花勢旋眼，蘋沫香沾齒。
松下時一看，支公亦如此。

十、煮茶

香泉一合乳，煎作連珠沸。
時看蟹目濺，乍見魚鱗起。
聲疑松帶雨，餑恐生煙翠。
尚把瀝中山，必無千日醉。

——《全唐詩》第 611 卷第 47～56 首。

0395. 奉和襲美茶具十詠

〔唐〕陸龜蒙

一、茶塢

茗地曲隈回，野行多繚繞。
向陽就中密，背潤差還少。
遙盤雲髻慢，亂簇香篝小。
何處好幽期，滿岩春露曉。

二、茶人

天賦識靈草，自然鍾野姿。
閒來北山下，似與東風期。
雨後探芳去，雲間幽路危。
唯應報春鳥，得共斯人知。

三、茶筍

所孕和氣深，時抽玉苕短。
輕煙漸結華，嫩蕊初成管。
尋來青靄曙，欲去紅雲暖。
秀色自難逢，傾筐不曾滿。

四、茶籠

金刀劈翠筠，織似波文斜。
製作自野老，攜持伴山娃。
昨日斗煙粒，今朝貯綠華。
爭歌調笑曲，日暮方還家。

五、茶舍

旋取山上材，駕為山下屋。
門因水勢斜，壁任岩隈曲。
朝隨鳥俱散，暮與雲同宿。
不憚採掇勞，只憂官未足。

六、茶灶

無突抱輕嵐，有煙映初旭。
盈鍋玉泉沸，滿甌雲芽熟。
奇香襲春桂，嫩色凌秋菊。
燭者若吾徒，年年看不足。

七、茶焙

左右搗凝膏，朝昏布煙縷。
方圓隨樣拍，次第依層取。
山謠縱高下，火候還文武。
見說焙前人，時時炙花脯。

八、茶鼎

新泉氣味良，古鐵形狀醜。
那堪風雪夜，更值煙霞友。
曾過楨石下，又住清溪口。
且共薦皋盧，何勞傾斗酒。

九、茶甌

昔人謝塸埿，徒為妍詞飾。

豈如珪璧姿，又有煙嵐色。

光參筠席上，韻雅金罍側。

直使于闐君，從來未嘗識。

十、煮茶

閒來松間坐，看煮松上雪。

時於浪花裏，並下藍英末。

傾餘精爽健，忽似氛埃滅。

不合別觀書，但宜窺玉札。

——《全唐詩》第 620 卷第 47～56 首。

0396. 與趙莒茶宴

〔唐〕錢起

竹下忘言對紫茶，全勝羽客醉流霞。

塵心洗盡興難盡，一樹蟬聲片影斜。

——《全唐詩》第 239 卷第 94 首。

0397. 過長孫宅與郎上人茶會

〔唐〕錢起

偶與息心侶，忘歸才子家。

元談兼藻思，綠茗代榴花。

岸幘看雲卷，含毫任景斜。

松喬若逢此，不復醉流霞。

——《全唐詩》第 273 卷第 30 首。

0398. 即目

〔唐〕李商隱

小鼎煎茶面曲池，白鬚道士竹間棋。

何人書破蒲葵扇，記著南塘移樹時。

——《全唐詩》第 540 卷第 79 首。

0399. 美人嘗茶行

〔唐〕崔珏

雲鬟枕落困春泥，玉郎為碾瑟瑟塵。
閒教鸚鵡啄窗響，和嬌扶起濃睡人。
銀瓶貯泉水一掬，松雨聲來乳花熟。
朱唇啜破綠雲時，咽入香喉爽紅玉。
明眸漸開橫秋水，手撥絲簧醉心起。
臺時卻坐推金箏，不語思量夢中事。

——《全唐詩》第 591 卷第 2 首。

0400. 早春題湖上顧氏新居二首

〔唐〕項斯

一

近得水雲看，門長侵早開。
到時微有雪，行處又無苔。
勸酒客初醉，留茶僧未來。
每逢晴暖日，唯見乞花栽。

二

門不當官道，行人到亦稀。
故從餐後出，方至夜深歸。
開篋揀書卷，掃床移褐衣。
幾時同買宅，相近有柴扉。

——《全唐詩》第 554 卷第 9 首。

0401. 育松寺

〔唐〕盧延讓

山寺取涼當夏夜，共僧蹲坐石階前。
兩三條電欲為雨，七八個星猶在天。
衣汗稍停床上扇，茶香時發潤中泉。

通宵聽論華嚴義，不藉松窗一覺眠。

——陳夢雷：《欽定古今圖書集成‧理學彙編‧文學典》第 221 卷，詩
部雜錄第六，第 640 冊，第 9 葉。

0402. **即事**

〔唐〕白居易

見月連宵坐，聞風盡日眠。

室香羅藥氣，籠暖焙茶煙。

鶴啄新晴地，雞棲薄暮天。

自看淘酒米，倚杖小池前。

——《全唐詩》第 450 卷第 38 首。

0403. **琴茶**

〔唐〕白居易

兀兀寄形群動內，陶陶任性一生間。〔註 39〕

自拋官後春多醉，不讀書來老更閒。

琴裏知聞唯淥水，茶中故舊是蒙山。

窮通行止長相伴，誰道吾今無往還。

——《全唐詩》第 448 卷第 6 首。

0404. **問劉十九**

〔唐〕白居易

綠蟻新醅酒，紅泥小火爐。

晚來天欲雪，能飲一杯無？〔註 40〕

——《全唐詩》第 440 卷第 18 首。

〔註 39〕兀兀：性格高古不流俗。陶陶〔yáo yáo〕：和樂狀，《詩經》有「君子陶陶」
句。

〔註 40〕此詩說酒，但歷來文人喜引申談茶。

0405. 閒眠

〔唐〕白居易

暖床斜臥日曛腰，一覺閒眠百病銷。

盡日一餐茶兩碗，更無所要到明朝。

——《全唐詩》第 460 卷第 18 首。

0406. 食後

〔唐〕白居易

食罷一覺睡，起來兩甌茶。

舉頭看日影，已復西南斜。

樂人惜日促，憂人厭年賒。

無憂無樂者，長短任生涯。

——《全唐詩》第 430 卷第 44 首。

0407. 山泉煎茶有懷

〔唐〕白居易

坐酌泠泠水，看煎瑟瑟塵。〔註41〕

無由持一碗，寄與愛茶人。〔註42〕

——《全唐詩》第 443 卷第 10 首。

0408. 謝李六郎中寄新蜀茶

〔唐〕白居易

故情周匝向交親，新茗分張及病身。〔註43〕

紅紙一封書後信，綠芽十片火前春。〔註44〕

湯添勺水煎魚眼，末下刀圭攪曲塵。〔註45〕

〔註41〕泠泠：清涼。瑟瑟：碧色。塵：茶粉。

〔註42〕無由：不需什麼理由。

〔註43〕周匝：周遭，此處引申為「完全」。病身：病體，白樂天自況。

〔註44〕十片：餅茶，片茶。火前春：清明節前茶。

〔註45〕魚眼：初沸之水泡為魚眼狀。刀圭：量取茶末之勺具。麴塵：茶末，猶如「酒麴」。

不寄他人先寄我，應緣我是別茶人。〔註46〕

——《全唐詩》第 439 卷第 82 首。

0409. 招韜光禪師

〔唐〕白居易

白屋炊香飯，葷膻不入家。

瀘泉澄葛粉，洗手摘藤花。

青芥除黃葉，紅薑帶紫芽。

命師相伴食，齋罷一甌茶。

——《全唐詩》第 462 卷第 35 首。

0410. 睡後茶興憶楊同州

〔唐〕白居易

昨晚飲太多，嵬峨連宵醉。

今朝餐又飽，爛漫移時睡。

睡足摩挲眼，眼前無一事。

信腳繞池行，偶然得幽致。

婆娑綠陰樹，斑駁青苔地。

此處置繩床，傍邊洗茶器。

白瓷甌甚潔，紅爐炭方熾。

沫下麴塵香，花浮魚眼沸。

盛來有佳色，咽罷餘芳氣。

不見楊慕巢，誰人知此味。

0411. 謝僧寄茶

〔唐〕李咸用

空門少年初志堅，摘芳為藥除睡眠。

匡山茗樹朝陽偏，暖萌如爪拏飛鳶。

枝枝膏露凝滴圓，參差失向兜羅綿。

〔註46〕別茶人：善能鑒別茶葉者。

傾筐短甀蒸新鮮，白紵眼細勻於研。
磚排古硪春苔乾，殷勤寄我清明前。
金槽無聲飛碧煙，赤獸呵冰急鐵喧。
林風夕和真珠泉，半匙青粉攪潺湲。
綠雲輕綰湘娥鬟，嘗來縱使重支枕，
胡蝶寂寥空掩關。

——《全唐詩》第 644 卷第 44 首。

0412. 茶嶺

〔唐〕張籍〔註47〕

紫芽連白蕊，初向嶺頭生。
自看家人摘，尋常觸露行。

——《全唐詩》第 386 卷第 3 首。

0413. 夏日閒居

〔唐〕張籍

多病逢迎少，閒居又一年。
藥看辰日合，茶過卯時煎。
草長晴來地，蟲飛晚後天。
此時幽夢遠，不覺到山邊。

——《全唐詩》第 384 卷第 72 首。

0414. 贈姚合少府

〔唐〕張籍

病來辭赤縣，案上有丹經。
為客燒茶灶，教兒掃竹亭。
詩成添舊卷，酒盡臥空瓶。
闕下今遺逸，誰瞻隱士星。

——《全唐詩》第 384 卷第 62 首。

〔註47〕張籍（約 767～830），字文昌，唐代詩人，與王建並稱「張王樂府」。

0415. 題友人林齋

〔唐〕張喬

喬木帶涼蟬，來吟暑雨天。

不離高枕上，似宿遠山邊。

簟冷窗中月，茶香竹裏泉。

吾廬近溪島，憶別動經年。

——《全唐詩》第 639 卷第 51 首。

0416. 喜園中茶生

〔唐〕韋應物

潔性不可污，為飲滌塵煩；

此物信靈味，本自出山原。

聊因理郡餘，率爾植荒園；

喜隨眾草長，得與幽人言。

——《全唐詩》第 193 卷第 55 首。

0417. 茗坡

〔唐〕陸希聲

二月山家穀雨天，半坡芳茗露華鮮。

春醒病酒兼消渴，惜取新芽旋摘煎。

——《全唐詩》第 689 卷第 15 首。

0418. 湖州貢焙新茶

〔唐〕張文規

鳳輦尋春半醉回，仙娥進水御簾開。

牡丹花笑金鈿動，傳奏湖州紫筍來。

——《全唐詩》第 366 卷第 11 首。

0419. 與孟郊洛北野泉上煎茶

〔唐〕劉言史

粉細越筍芽，野煎寒溪濱。

恐乖靈草性，觸事皆手親。

敲石取鮮火，撇泉避腥鱗。

熒熒爨風鐺，拾得墜巢薪。

潔色既爽別，浮氳亦殷勤。

以茲委曲靜，求得正味真。

宛如摘山時，自歠指下春。

湘瓷泛輕花，滌盡昏渴神。

此遊愜醒趣，可以話高人。

——《全唐詩》第 468 卷第 2 首。

0420. 煎茶

〔唐〕成彥雄

岳寺春深睡起時，虎跑泉畔思遲遲。

蜀茶倩個雲僧碾，自拾枯松三四枝。

——《全唐詩》第 759 卷第 5 首。

0421. 憶茗芽 〔註48〕

〔唐〕李德裕

谷中春日暖，漸憶掇茶英。

欲及清明火，能銷醉客醒。

松花飄鼎泛，蘭氣入甌輕。

飲罷閒無事，捫蘿溪上行。

——《全唐詩》第 475 卷第 120 首。

0422. 橫塘

〔唐〕韓偓

秋寒灑背入簾霜，風脛燈清照洞房。

蜀紙麝煤沾筆興，越甌犀液發茶香。

風飄亂點更籌轉，拍送繁絃曲破長。

〔註48〕此為《憶平泉雜詠》之一。

散客出門斜月在，兩眉愁思問橫塘。

——《全唐詩》第 683 卷第 15 首。

0423. 山家

〔唐〕張繼

板橋人渡泉聲，茅簷日午雞鳴。

莫嗔焙茶煙暗，卻喜曬穀天晴。

——《全唐詩》第 242 卷第 41 首。

0424. 西陵道士茶歌

〔唐〕溫庭筠

乳竇濺濺通石脈，綠塵愁草春江色。

潤花入井水味香，山月當人松影直。

仙翁白扇霜烏翎，拂壇夜讀黃庭經。

疏香皓齒有餘味，更覺鶴心通杳冥。

——《全唐詩》第 577 卷第 32 首。

0425. 宿一公精舍

〔唐〕溫庭筠

夜闌黃葉寺，瓶錫兩俱能。

松下石橋路，雨中山殿燈。

茶爐天姥客，棋席剡溪僧。

還笑長門賦，高秋臥茂陵。

——《全唐詩》第 583 卷第 31 首。

0426. 贈隱者

〔唐〕溫庭筠

茅堂對薇蕨，爐暖一裘輕。

醉後楚山夢，覺來春鳥聲。

採茶溪樹綠，煮藥石泉清。

不問人間事，忘機過此生。

——《全唐詩》第 581 卷第 14 首。

0427. 春晝迴文

〔唐〕李濤

茶餅嚼時香透齒，水沈燒處碧凝煙。

紗窗避著猶慵起，極困新晴午雨天。

——李濤：《蒙泉詩稿》，見陳起編《江湖小集》第 83 卷，第 3 頁，《四庫全書》集部·總集類，第 1357 冊，第 634 頁。

0428. 宿溪僧院

〔唐〕曹松

少年雲溪裏，禪心夜更閒。

煎茶留靜者，靠月坐蒼山。

露白鍾尋定，螢多戶未關。

嵩陽大石室，何日譯經還。

——《全唐詩》第 717 卷第 7 首。

0429. 方山寺松下泉

〔唐〕章孝標

石脈綻寒光，松根噴曉霜。

注瓶雲母滑，漱齒茯苓香。

野客偷煎茗，山僧惜淨床。

三禪不要問，孤月在中央。

——《全唐詩》第 506 卷第 18 首。

0430. 送潘咸

〔唐〕喻鳧

時時齎破囊，訪我息閒坊。

煮雪問茶味，當風看雁行。

心齊山鹿逸，句敵柳花狂。

堅苦今如此，前程豈渺茫。

——《全唐詩》第 543 卷第 7 首。

0431. 宿鳳翔天柱寺窮易玄上人房

〔唐〕李洞

天柱暮相逢，吟思天柱峰。

墨研青露月，茶吸白雲鍾。

臥語身黏蘚，行禪頂拂松。

探元為一決，明日去臨邛。

——《全唐詩》第 721 卷第 16 首。

0432. 寄淮海慧澤上人

〔唐〕李洞

海濤浪滿舊征衣，長憶初程宿翠微。

竹裏橋鳴知馬過，塔中燈露見鴻飛。

眉毫別後應盈尺，岩木歸來已幾圍。

他日願師容一榻，煎茶掃地習忘機。

——李昉：《文苑英華》第 223 卷，第 7 頁，《四庫全書》集部·總集
類，第 1335 冊，第 89 頁。

0433. 贈昭應沈少

〔唐〕李洞

行宮接縣判雲泉，袍色雖青骨且仙。

鄠杜憶過梨栗寺，瀟湘曾棹雪霜天。

華山僧別留茶鼎，渭水人來鎖釣船。

東送西迎終幾考，新詩覓得兩三聯。

——李昉：《文苑英華》第 262 卷，第 5 頁，《四庫全書》集部·總集
類，第 1335 冊，第 406 頁。

0434. 寄禪師三首

〔唐〕李中

一、寄廬岳鑒上人

岳寺棲瓶錫，常人親亦難。

病披青衲重，晚剃白髭寒。

烘壁茶煙暗，填溝木葉乾。

昔年皆禮謁，頻到碧雲端。

——李中：《碧雲集》第 1 卷，國家圖書館藏明（1368～1644）手抄本，（館藏書號：08428），第 3 頁。

二、寄廬山白大師

長憶尋師處，東林寓泊時。

一秋同看月，無夜不論詩。

泉美茶香異，堂深磬韻遲。

鹿馴眠蘚徑，猿苦叫霜枝。

別後音塵來，年來鬢髮衰。

趨名方汲汲，未果再遊期。

——《碧雲集》第 1 卷，第 11 頁。

三、訪龍光智謙上人

忽起尋師興，穿雲不覺勞。

相留看山雪，盡日論風騷。

竹影搖禪榻，茶煙上毳袍。

夢魂曾去否，舊國阻波濤。

——《碧雲集》第 1 卷，第 11 頁。

0435. 和門下殷侍郎新茶二十韻

〔宋〕徐鉉

暖吹入春園，新芽競粲然。

才教鷹觜坼，未放雪花妍。

荷杖青林下，攜筐旭景前。

孕靈資雨露，鍾秀自山川。
碾後香彌遠，烹來色更鮮。
名隨土地貴，味逐水泉遷。
力藉流黃暖，形模紫筍圓。
正當鑽柳火，遙想湧金泉。
任道時新物，須依古法煎。
輕甌浮綠乳，孤灶散餘煙。
甘薺非予匹，宮槐讓我先。
竹孤空冉冉，荷弱謾田田。
解渴消殘酒，清神感夜眠。
十漿何足饋，百榼盡堪捐。
採擷唯憂晚，營求不計錢。
任公因焙顯，陸氏有經傳。
愛甚真成癖，嘗多合得仙。
亭臺虛靜處，風月豔陽天。
自可臨泉石，何妨雜管絃。
東山似蒙頂，願得從諸賢。

　　——徐鉉：《騎省集》第 4 卷，第 20 頁，《四庫全書》集部‧別集類，
　　　第 1085 冊，第 35 頁。

0436. 陸羽泉茶

〔宋〕王禹偁

甃石苔封百尺深，試茶嘗味少知音。
唯餘半夜泉中月，留得先生一片心。

　　——王禹偁：《小畜集》第 7 卷，第 9～10 頁，《四庫全書》集部‧別
　　　集類，第 1086 冊，第 50～51 頁。

0437. 龍鳳茶

〔宋〕王禹偁

樣標龍鳳號題新，賜得還因作近臣。
烹處豈期商嶺外，碾時空想建溪春。

香於九畹芳蘭氣，圓似三秋皓月輪。

愛惜不嘗惟恐盡，除將供養白頭親。

——王禹偁：《小畜集》第 8 卷，第 14 頁，《四庫全書》集部·別集類，第 1086 冊，第 69 頁。

0438. 茶園十二韻

〔宋〕王禹偁

勤王修歲貢，晚駕過郊原。

蔽芾餘千本，菁蔥共一園。

芽新撐老葉，土軟迸新根。

舌小侔黃雀，毛獰摘綠猿。

出蒸香更別，入焙火微溫。

採近桐華節，生無穀雨痕。

緘縢防遠道，進獻趁頭番。

待破華胥夢，先經閶闔門。

汲泉鳴玉甃，開宴壓瑤樽。

茂育知天意，甄收荷主恩。

沃心同直諫，苦口類嘉言。

未復金鑾召，年年奉至尊。

——王禹偁：《小畜集》第 11 卷，第 5 頁，《四庫全書》集部·別集類，第 1086 冊，第 108 頁。

0439. 北苑茶

〔宋〕丁謂〔註49〕

北苑龍茶著，甘鮮的是珍。

四方惟數此，萬物更無新。

才吐微茫綠，初沾少許春。

散尋縈樹遍，急採上山頻。

〔註49〕丁謂被視為北宋姦臣、惡臣，歷史聲名極差，然此人長於茶事，其茶詩也頗有意趣。

宿葉寒猶在，芳芽冷未伸。

茅茨溪上焙，籃籠雨中民。

長疾勾萌坼，開齊分兩勻。

帶煙蒸雀舌，和露疊龍鱗。

作貢勝諸道，先嘗祇一人。

緘封瞻闕下，郵傳渡江濱。

特旨留丹禁，殊恩賜近臣。

啜將靈藥助，用與上尊親。

投進英華盡，初烹氣味真。

細香勝卻麝，淺色過於筠。

顧渚慚投木，宜都愧積薪。

年年號供御，天產壯甌閩。

——汪灝等：《御定佩文齋廣群芳譜》第 20 卷，第 32 頁，《四庫全書》
　　子部・譜錄類，第 845 冊，第 640 頁。

0440. 煎茶

〔宋〕丁謂

開緘試雨前，須汲遠山泉。

自繞風爐立，誰聽石碾眠。

輕微緣入麝，猛沸卻如蟬。

羅細烹還好，鐺新味更全。

花隨僧箸破，雲逐客甌圓。

痛惜藏書篋，堅留待雪天。

睡醒思滿啜，吟困憶重煎。

祇此消塵慮，何須作酒仙。

——厲鶚：《宋詩紀事》第 6 卷，第 25～26 頁，《四庫全書》集部・詩
　　文評類，第 1484 冊，第 169～170 頁。

0441. 以詩送宣賜進奉紅綃封龍字茶與璉禪師

〔宋〕丁謂

密緘龍焙火前春，翠字紅綃燙眼新。

名品主高誰合得，雙林樹下上乘人。

──厲鶚：《宋詩紀事》第 6 卷，第 25 頁，《四庫全書》集部‧詩文評
類，第 1484 冊，第 169 頁。

0442. 嘗茶次寄越僧靈皎

〔宋〕林逋

白雲峰下兩槍新，膩綠長鮮穀雨春。

靜試卻如湖上雪，對嘗兼憶剡中人。

瓶懸金粉師應有，著點瓊花我自珍。

清話幾時搔首後，願和松色勸三巡。

──林逋：《林和靖集》第 3 卷，第 6 頁，《四庫全書》集部‧別集類，
第 1086 冊，第 638 頁。

0443. 茶

〔宋〕林逋

石碾輕飛瑟瑟塵，乳香烹出建溪春。

世間絕品人難識，閒對茶經憶古人。

──林逋：《林和靖集》第 4 卷，第 14～15 頁，《四庫全書》集部‧別
集類，第 1086 冊，第 649～650 頁。

0444. 茶灶

〔宋〕梅堯臣

山寺碧溪頭，幽人綠岩畔。

夜火竹聲乾，春甌茗花亂。

茲無雅趣兼，薪桂煩燃爨。

──梅堯臣：《宛陵集》第 1 卷，第 9 頁，《四庫全書》集部‧別集類，
第 1099 冊，第 11 頁。

0445. 得雷太簡自製蒙頂茶

〔宋〕梅堯臣

陸羽舊茶經，一意重蒙頂。

比來唯建溪，團片敵湯餅。
顧渚及陽羨，又復下越茗。
近來江國人，鷹爪誇雙井。
凡今天下品，非此不覽省。
蜀荈久無味，聲名謾馳騁。
因雷與改造，帶露摘芽穎。
自煮至揉焙，入碾只俄頃。
湯嫩乳花浮，香新舌甘永。
初分翰林公，豈數博士冷。
醉來不知惜，悔許已向醒。
重思朋友義，果決在勇猛。
倏然乃以贈，蠟囊收細梗。
吁嗟茗與鞭，二物誠不幸。
我貧事事無，得之似贅瘿。

——梅堯臣：《宛陵集》第 55 卷，第 6 頁，《四庫全書》集部・別集
類，第 1099 冊，第 392 頁。

0446. 呂晉叔著作遺新茶

〔宋〕梅堯臣

四葉及三遊，共家原阪嶺。
歲摘建溪春，爭先取晴景。
大窠有壯液，所發必奇穎。
一朝團焙成，價與黃金逞。
呂侯得鄉人，分贈我已幸。
其贈幾何多，六色十五餅。
每餅包青箬，紅籤纏素縑。
屑之雲雪輕，啜已神魄惺。
會待嘉客來，侑談當晝永。

——梅堯臣：《宛陵集》第 52 卷，第 11 頁，《四庫全書》集部・別集
類，第 1099 冊，第 376 頁。

0447. 李仲求寄建溪洪井茶七品，雲愈少愈佳，未知嘗何如耳，因條而答之

〔宋〕梅堯臣

忽有西山使，始遺七品茶。

末品無水暈，六品無沈柤。

五品散雲腳，四品浮粟花。

三品若瓊乳，二品罕所加。

絕品不可議，甘香焉等差。

一日嘗一甌，六腑無昏邪。

夜枕不得寐，月樹聞啼鴉。

憂來惟覺衰，可驗唯齒牙。

動搖有三四，妨咀連左車。

髮亦足驚悚，疏疏點霜華。

乃思平生遊，但恨江路賒。

安得一見之，煮泉相與誇。

——梅堯臣：《宛陵集》第 37 卷，第 5 頁，《四庫全書》集部·別集類，第 1099 冊，第 276 頁。

0448. 答建州沈屯田寄新茶

〔宋〕梅堯臣

春芽碾白膏，夜火焙紫餅。

價與黃金齊，包開青箬整。

碾為玉色塵，遠汲蘆底井。

一啜同醉翁，思君聊引領。

——梅堯臣：《宛陵集》第 22 卷，第 10 頁，《四庫全書》集部·別集類，第 1099 冊，第 165 頁。

0449. 穎公遺碧霄峰茗

〔宋〕梅堯臣

到山春已晚，何更有新茶。

峰頂應多雨，天寒始發芽。

採時林狄靜，蒸處石泉嘉。

持作衣囊秘，分來五柳家。

——梅堯臣：《宛陵集》第 36 卷，第 11 頁，《四庫全書》集部‧別集類，第 1099 冊，第 270 頁。

0450. 和伯恭自造新茶

〔宋〕余靖

郡庭無事即仙家，野圃栽成紫筍茶。

疏雨半晴回暖氣，輕雷初過得新芽。

烘褫精謹松齋靜，採擷縈迂澗路斜。

江水薄煎萍髮髮，越甌新試雪交加。

一槍試焙春尤早，三盞搜腸句更嘉。

多謝彩箋貽雅貺，想資詩筆思無涯。

——余靖：《武溪集》第 2 卷，第 5 頁，《四庫全書》集部‧別集類，第 1089 冊，第 17 頁。

0451. 和章岷從事鬥茶歌

〔宋〕范仲淹

年年春自東南來，建溪先暖冰微開。

溪邊奇茗冠天下，武夷仙人從古栽。

新雷昨夜發何處，家家嬉笑穿雲去。

露芽錯落一番榮，綴玉含珠散嘉樹。

終朝採掇未盈襜，唯求精粹不敢貪。

研膏焙乳有雅製，方中圭兮圓中蟾。

北苑將期獻天子，林下雄豪先鬥美。

鼎磨雲外首山銅，瓶攜江上中泠水。

黃金碾畔綠塵飛，碧玉甌中翠濤起。

鬥茶味兮輕醍醐，鬥茶香兮薄蘭芷。

其間品第胡能欺，十目視而十手指。

勝若登仙不可攀，輸同降將無窮恥。

吁嗟天產石上英，論功不愧階前蓂。

眾人之濁我可清，千日之醉我可醒。

屈原試與招魂魄，劉伶卻得聞雷霆。

盧仝敢不歌，陸羽須作經。

森然萬象中，焉知無茶星。

商山丈人休茹芝，首陽先生休采薇。

長安酒價減百萬，成都藥市無光輝。

不如仙山一啜好，泠然便欲乘風飛。

君莫羨花間女郎只鬥草，贏得珠璣滿斗歸。

　　——范仲淹：《范文正集》第 2 卷，第 5 頁，《四庫全書》集部·別集
　　　　類，第 1099 冊，第 565 頁。

0452. 蒙頂茶

〔宋〕文彥博

舊譜最稱蒙頂味，露芽雲液勝醍醐。

公家藥籠雖多品，略採甘滋助道腴。

　　——文彥博：《潞公文集》第 4 卷，第 12 頁，《四庫全書》集部·別集
　　　　類，第 1100 冊，第 611 頁。

0453. 謝許少卿寄臥龍山茶

〔宋〕趙抃

越芽遠寄入都時，酬倡珍誇互見詩。

紫玉叢中觀雨腳，翠峰頂上摘雲旗。

啜多思爽都忘寐，吟苦更長了不知。

想到明年公進用，臥龍春色自遲遲。

　　——陳焯：《宋元詩會》第 19 卷，第 13 頁，《四庫全書》集部·總集
　　　　類，第 1463 冊，第 277 頁。

0454. 茶歌

〔宋〕歐陽修

吾年向老世味薄，所好未衰惟飲茶。

建溪苦遠雖不到，自少嘗見閩人誇。

每喘江浙凡茗草，叢生狼藉惟藏蛇。

豈如含膏入香作金餅，蜿蜒兩龍戲以呀。

其餘品第亦奇絕，愈小愈精皆露芽。

泛之白花如粉乳，乍見紫面生光華。

手持心愛不欲碾，有類弄印幾成窊。

論功可以療百疾，輕身久服勝胡麻。

我謂斯言頗過矣，其實最能祛睡邪。

茶官貢餘偶分寄，地遠物新來意嘉。

親烹屢酌不知厭，自謂此樂真無涯。

未言久食成手顫，已覺疾饑生眼花。

客遭水厄疲捧碗，口吻無異蝕月蟆。

僮奴傍覷疑復笑，嗜好乖僻誠堪嗟。

更蒙酬句怪可駭，兒曹助噪聲哇哇。

——歐陽修：《歐陽文忠公集》第 7 卷，第 10 頁，《四庫全書》集部·別集類，第 1102 冊，第 69 頁。

0455. 雙井茶

〔宋〕歐陽修

西江水清江石老，石上生茶如鳳爪。

窮臘不寒春氣早，雙井茅生先百草。

白毛囊以紅碧紗，十斤茶養一兩芽。

長安富貴五侯家，一啜猶須三日誇。

寶雲日注非不精，爭新棄舊世人情。

豈知君子有常德，至寶不隨時變易。

君不見建溪龍鳳團，不改舊時香味色。

——歐陽修：《歐陽文忠公集》第 9 卷，第 7～8 頁，《四庫全書》集部·別集類，第 1102 冊，第 81～82 頁。

0456. 送龍茶與許道人

〔宋〕歐陽修

潁陽道士青霞客，來似浮雲去無跡。

夜朝北斗太清壇，不道姓名人不識。

我有龍團古蒼璧，九龍泉深一百尺。

憑君汲井試烹之，不是人間香味色。

——歐陽修：《歐陽文忠公集》第 9 卷，第 11～12 頁，《四庫全書》集部·別集類，第 1102 冊，第 83～84 頁。

0457. 初識茶花

〔宋〕陳與義

伊軋籃輿不受催，湖南秋色更佳哉。

青裙玉面初相識，九月茶花滿路開。

——陳與義：《簡齋集》第 14 卷，第 9 頁，《四庫全書》集部·別集類，第 1129 冊，第 746 頁。

0458. 茉莉

〔宋〕葉廷珪

露華洗出通身白，沈水薰成換骨香。

近說根苗移上苑，休慚系出本南荒。

——張玉書：《御定佩文齋詠物詩選》第 341 卷，第 3 頁，《四庫全書》集部·總集類，第 1434 冊，第 242 頁。

0459. 記夢迴文二首

〔宋〕蘇軾

十二月二十五日，大雪始晴。夢人以雪水烹小團茶，使美人歌以飲。余夢中為作迴文詩，覺而記其一句云，亂點餘花吐碧衫，意用飛燕故事也。乃續之為二絕句云：

一

酡顏玉碗捧纖纖，亂點餘花唾碧衫。

歌咽水雲凝靜院，夢驚松雪落空岩。

二

空花落盡酒傾缸，日上山融雪漲江。〔註50〕

紅焙淺甌新火活，龍團小碾鬥晴窗。

——蘇軾：《東坡全集》第 12 卷，第 18 頁，《四庫全書》集部·別集
類，第 1107 冊，第 202 頁。

0460. 次韻曹輔寄壑源試焙新茶

〔宋〕蘇軾

仙山靈草濕行雲，洗遍香肌粉未勻。〔註51〕

明月來投玉川子，清風吹破武林春。〔註52〕

要知玉雪心腸好，不是膏油首面新。〔註53〕

戲作小詩君一笑，從來佳茗似佳人。〔註54〕

——蘇軾；《東坡全集》第 18 卷，第 16 頁，《四庫全書》集部·別集
類，第 1107 冊，第 279 頁。

0461. 惠山謁錢道人烹小龍團登絕頂望太湖

〔宋〕蘇軾

踏遍江南南岸山，逢山未免更流連。

獨攜天上小團月，來試人間第二泉。

——蘇軾：《東坡全集》第 5 卷，第 25 頁，《四庫全書》集部·別集
類，第 1107 冊，第 112 頁。

〔註50〕「日上」在原本中錄為「日出」，此據它本《東坡全集》改。

〔註51〕仙山：茶山。靈草：茶。濕行云：茶芽為雲霧裏涵。

〔註52〕玉川子為盧仝號，此處為蘇軾自比。明月：指團茶。

〔註53〕玉雪：不作太多加工的茶葉。心腸：茶葉品質。膏油：塗於茶餅表面的一種
油料，用以保護、潤涵茶餅，但往往影響了茶的內質。

〔註54〕以佳人比佳茗，增色？減色？有一現象值得分析：諸多茶道著作極力求趣天
然，去除人為；而有的茶人又大力將茶擬人化，甚至是美人化。大約是古人
在不同語境、不同生命境悟的不同反應吧。

0462. 汲江煎茶

〔宋〕蘇軾

活水還須活火烹，自臨釣石汲深清。

大瓢貯月歸春甕，小勺分江入夜瓶。

雪乳已翻煎處腳，松風忽作瀉時聲。

枯腸未易禁三碗，坐數荒村城長短更。〔註55〕

——蘇軾：《東坡全集》第 25 卷，第 1 頁，《四庫全書》集部・別集
　　類，第 1107 冊，第 359 頁。

0463. 試院煎茶

〔宋〕蘇軾

蟹眼已過魚眼生，颼颼欲作松風鳴。

蒙茸出磨細珠落，眩轉繞甌飛雪輕。

銀瓶瀉湯誇第二，未識古人煎水意。

君不見昔時李生好客手自煎，貴從活火發新泉。

又不見今時潞公煎茶學西蜀，定州花瓷琢紅玉。

我今貧病長苦饑，分無玉碗捧蛾眉。

且學公家作茗飲，磚爐石銚行相隨。

不用撐腸拄腹文字五千卷，但願一甌常及睡足日高時。

——蘇軾：《東坡全集》第 3 卷，第 21～23 頁，《四庫全書》集部・別
　　集類，第 1107 冊，第 86～87 頁。

0464. 寄周安孺茶

〔宋〕蘇軾

大哉天宇內，植物知幾族。

靈品獨標奇，回超凡草木。

名從姬旦始，漸播桐君錄。

賦詠誰最先，厥傳惟杜育。

〔註55〕「坐數荒村長短更」一句據《四庫全書》錄，其余版本中也有錄為「臥聽山
城長短更」「坐聽荒城長短更」等。

唐人未知好，論著始於陸。
常李亦清流，當年慕高躅。
遂使天下士，嗜此偶於俗。
豈但中土珍，兼之異邦鬻。
鹿門有佳士，博覽無不矚。
邂逅天隨翁，篇章互賡續。
開園頤山下，屏跡松江曲。
有興即揮毫，燦然存簡牘。
伊余素寡愛，嗜好本不篤。
粵自少年時，低回客京轂。
雖非曳裾者，庇蔭或華屋。
頗見綺紈中，齒牙厭粱肉。
小龍得屢試，糞土視珠玉。
團鳳與葵花，球玖雜魚目。
貴人自矜惜，捧玩且緘櫝。
未數日注卑，定知雙井辱。
於茲自研討，至味識五六。
自爾入江湖，尋僧訪幽獨。
高人固多暇，探究亦頗熟。
聞道早春時，攜籝赴初旭。
驚雷未破蕾，采采不盈掬。
旋洗玉泉蒸，芳馨豈停宿。
須臾布輕縷，火候謹盈縮。
不憚頃間勞，經時廢藏蓄。
鬆筒淨無染，箬籠勻且復。
苦畏梅潤侵，暖須人氣燠。
有如剛耿性，不受纖芥觸。
又若廉夫心，難將微穢瀆。
晴天敞虛府，石碾破輕綠。
永日遇閒賓，乳泉發新馥。
香濃奪蘭露，色嫩欺秋菊。

閩俗競傳誇，豐腴面如粥。
自云葉家白，頗勝中山釀。
好是一杯深，午窗春睡足。
清風擊兩腋，去欲凌鴻鵠。
嗟我樂何深，水經亦屢讀。
子吒中泠泉，次乃康王谷。
蟆培頃曾嘗，瓶罌走僮僕。
如今老且懶，細事百不欲。
美惡兩俱忘，誰能強追逐。
薑鹽拌白土，稍稍從吾蜀。
尚欲外形體，安能徇心腹。
由來薄滋味，日飯止脫粟。
外慕既已矣，胡為此羈束。
昨日散幽步，偶上天峰麓。
山圍正春風，蒙茸萬旗簇。
呼兒為佳客，採制聊亦復。
地僻誰我從，包藏置廚簏。
何嘗較優劣，但喜破睡速。
況此夏日長，人間正炎毒。
幽人無一事，午飯飽蔬菽。
困臥北窗風，風微動窗竹。
乳甌十分滿，人世真局促。
意爽飄欲仙，頭輕快如沐。
昔人固多癖，我癖良可贖。
為問劉伯倫，胡然枕糟曲。

——蘇軾：《東坡全集》第 27 卷，第 21～23 頁，《四庫全書》集部‧
別集類，第 1107 冊，第 396～397 頁。

0465. 月兔茶

〔宋〕蘇軾

環非環，玦非玦，中有迷離玉兔兒。

一似佳人裙上月，月圓還缺缺還圓，此月一缺圓何年？

君不見鬥茶公子不忍鬥小團，上有雙銜綬帶雙飛鸞。

——蘇軾：《東坡全集》第 4 卷，第 20 頁，《四庫全書》集部·別集
類，第 1107 冊，第 98 頁。

0466. 和錢安道寄惠建茶

〔宋〕蘇軾

我官於南今幾時，嘗盡溪茶與山茗。

胸中似記故人面，口不能言心自省。

為君細說我未暇，試評其略差可聽。

建溪所產雖不同，一一天與君子性。

森然可愛不可慢，骨清肉膩和且正。

雪花雨腳何足道，啜過始知真味永。

縱復苦硬終可錄，汲黯少戇寬饒猛。

草茶無賴空有名，高者妖邪次頑礦。

體輕雖復強浮泛，性滯偏工嘔酸冷。

其間絕品豈不佳，張禹縱賢非骨鯁。

葵花玉銙不易致，道路幽嶮隔雲嶺。

誰知使者來自西，開緘磊落收百餅。

嗅香嚼味本非別，透紙自覺光炯炯。

秕糠團鳳友小龍，奴隸日注臣雙井。

收藏愛惜待佳客，不敢包裹鑽權倖。

此詩有味君勿傳，空使時人怒生癭。

——蘇軾：《東坡全集》第 5 卷，第 21～22 頁，《四庫全書》集部·別
集類，第 1107 冊，第 110～111 頁。

0467. 和蔣夔寄茶

〔宋〕蘇軾

我生百事常隨緣，四方水陸無不便。

扁舟渡江適吳越，三年飲食窮芳鮮。

金齏玉膾飯炊雪，海螯江柱初脫泉。

臨風飽食甘寢罷，一甌花乳浮輕圓。

自從捨舟入東武，沃野便到桑麻川。

剪毛胡羊大如馬，誰記鹿角腥盤筵。

廚中烝粟埋飯甕，大杓更取酸生涎。

柘羅銅碾棄不用，脂麻白土須盆研。

故人猶作舊眼看，謂我好尚如當年。

沙溪北苑強分別，水腳一線爭誰先。

清詩兩幅寄千里，紫金百餅費萬錢。

吟哦烹噍兩奇絕，只恐偷乞煩封纏。

老妻稚子不知愛，一半已入薑鹽煎。

人生所遇無不可，南北嗜好知誰賢。

死生禍福久不擇，更論甘苦爭姹妍。

知君窮旅不自釋，因詩寄謝聊相鑣。

——蘇軾：《東坡全集》第 7 卷，第 10～11 頁，《四庫全書》集部·別
集類，第 1107 冊，第 132 頁。

0468. 魯直以詩餽雙井茶次其韻為謝

〔宋〕蘇軾

江夏無雙種奇茗，汝陰六一誇新書。

磨成不敢付僮僕，自看雪湯生璣珠。

列仙之儒瘠不腴，只有病渴同相如。

明年我欲東南去，畫舫何妨宿太湖。

——蘇軾：《東坡全集》第 26 卷，第 15 頁，《四庫全書》集部·別集
類，第 1107 冊，第 379 頁。

0469. 送南屏謙師〔註56〕

〔宋〕蘇軾

道人曉出南屏山，來試點茶三昧手。

忽驚午盞兔毛斑，打作春甕鵝兒酒。

〔註56〕亦題為《南屏謙師，妙於茶事。自云得之於心應之於手，非可以言傳學到者。
十月二十七日，聞軾遊壽星寺，遠來設茶。作此詩贈之。》。

天台乳花世不見，玉川風腋今安有。

先生有意續茶經，會使老謙名不朽。

——蘇軾：《東坡全集》第 26 卷，第 10 頁，《四庫全書》集部·別集類，第 1107 冊，第 377 頁。

0470. 怡然以垂雲新茶見餉報以大龍團仍戲作小詩

〔宋〕蘇軾

妙供來香積，珍烹具大官。

揀芽分雀舌，賜茗出龍團。

曉日雲庵暖，春風浴殿寒。

聊將試道眼，莫作兩般看。

——蘇軾：《東坡全集》第 18 卷，第 7 頁，《四庫全書》集部·別集類，第 1107 冊，第 274 頁。

0471. 遊諸佛舍一日飲釅茶七盞戲書勤師壁

〔宋〕蘇軾

示病維摩元不病，在家靈運已忘家。

何須魏帝一丸藥，且盡盧全七碗茶。

——蘇軾：《東坡全集》第 5 卷，第 16 頁，《四庫全書》集部·別集類，第 1107 冊，第 108 頁。

0472. 和子瞻煎茶

〔宋〕蘇轍

年來病懶百不堪，未廢飲食求芳甘。

煎茶舊法出西蜀，水聲火候猶能諳。

相傳煎茶只煎水，茶性仍存偏有味。

君不見閩中茶品天下高，傾身事茶不知勞。

又不見北方俚人茗飲無不有，鹽酪椒薑誇滿口。

我今倦遊思故鄉，不學南方與北方。

銅鐺得火蚯蚓叫，匙腳旋轉秋螢光。

何時茅簷歸去炙背讀文字，遣兒折取枯竹女煎湯。

——蘇轍：《欒城集》第 4 卷，第 21 頁，《四庫全書》集部·別集類，
第 1112 冊，第 48 頁。

0473. 宋城宰韓秉文惠日鑄茶

〔宋〕蘇轍

君家日鑄山前住，冬後茶芽麥粒粗。
磨轉春雷飛白雪，甌傾錫水散凝酥。
溪山去眼塵生面，簿領埋頭汗匝膚。
一啜更能分幕府，定應知我俗人無。

次前韻〔註 57〕

龍鸞僅比閩團釅，鹽酪應嫌北俗粗。
採愧吳僧身似臘，點須越女手如舌。
酥根遺味輕浮齒，腋下清風稍襲膚。
七碗未容留客試，瓶中數問有餘無。

——蘇轍：《欒城集》第 9 卷，第 8 頁，《四庫全書》集部·別集類，
第 1112 冊，第 97 頁。

0474. 蜀井

〔宋〕蘇轍

信腳東遊十二年，甘泉香稻憶歸田。
行逢蜀井恍如夢，試煮山茶意自便。
短綆不收容盥濯，紅泥仍許置清鮮。
早知鄉味勝為客，遊宦何須更著鞭。

——蘇轍：《欒城集》第 9 卷，第 21 頁，《四庫全書》集部·別集類，
第 1112 冊，第 104 頁。

〔註 57〕此為次《宋城宰韓秉文惠日鑄茶》作韻。

0475. 北苑十詠

〔宋〕蔡襄

一、出東門向北苑路

曉行東城隅，光華著諸物。
溪漲浪花生，山晴鳥聲出。
稍稍見人煙，川原正蒼鬱。

二、北苑

蒼山走千里，鬥落分兩臂。
靈泉出地清，嘉卉得天味。
入門脫世氛，官曹真傲吏。

三、茶壟

造化曾無私，亦有意所加。
夜雨作春力，朝雲護日華。
千萬碧玉枝，戢戢抽靈芽。

四、採茶

春衫逐紅旗，散入青林下。
陰崖喜先至，新苗漸盈把。
竟攜筠籠歸，更帶山雲寫。

五、造茶

屑玉寸陰間，摶金新範裏。
規呈月正圓，勢動龍初起。
焙出香色全，爭誇火候是。

六、試茶

兔毫紫甌新，蟹眼青泉煮。
雪凍作成花，雲閑未垂縷。
願爾池中波，去作人間雨。

七、御井

山好水亦珍，清切甘如醴。
朱干待方空，玉壁見深底。

勿為先渴憂，嚴扃有時啟。

八、龍塘

泉水循除明，中坻龍矯首。
振足化仙陂，回晴窺畫牖。
應當歲時旱，噓吸雲雷走。

九、鳳池

靈禽不世下，刻像成羽翼。
但類醴泉飲，豈復高梧息。
似有飛鳴心，六合定何適。

十、修貢亭

清晨掛朝衣，盥手署新茗。
騰虯守密鑰，疾騎穿雲嶺。
修貢貴謹嚴，作詩諭遠永。

——蔡襄：《端明集》第 2 卷，第 12～14 頁，《四庫全書》集部·別集
類，第 1090 冊，第 355 頁。

0476. 即惠山煮茶

〔宋〕蔡襄

此泉何以珍，適與真茶遇。
在物兩稱絕，於予獨得趣。
鮮香箸下雲，甘滑杯中露。
當能變俗骨，豈特澌塵慮。
晝靜清風生，飄蕭入庭樹。
中含古人意，來者庶冥悟。

——蔡襄：《端明集》第 3 卷，第 1 頁，《四庫全書》集部·別集類，
第 1090 冊，第 358 頁。

0477. 題僧希元禪隱堂

〔宋〕蔡襄

遊錫遍他方，歸休靜默堂。

孤吟時有得，諸念若為忘。

刪竹減庭翠，煮茶生野香。

雲山莫騰誚，心地本清涼。

　　——蔡襄：《端明集》第 5 卷，第 1 頁，《四庫全書》集部・別集類，
　　　　第 1090 冊，第 375 頁。

0478. 謝張和仲惠寶雲茶

〔宋〕王令

故人有意真憐我，靈荈封題寄蓽門。

與療文園消渴病，還招楚客獨醒魂。

烹來似帶吳雲腳，摘處應無穀雨痕。

果肯同嘗竹林下，寒泉猶有惠山存。

　　——王令：《廣陵集》第 17 卷，第 4 頁，《四庫全書》集部・別集類，
　　　　第 1106 冊，第 482 頁。

0479. 靈山試茶歌

〔宋〕陳襄

乳源淺淺交寒石，松花墮粉愁無色。

明皇玉女跨神雲，鬥剪輕羅縷殘碧。

我聞巒山二月春方歸，苦霧迷天新雪飛。

仙鼠潭邊蘭草齊，霧芽吸盡香龍脂。

轆轤繩細井花暖，香塵散碧琉璃碗。

玉川冰骨照人寒，瑟瑟祥風滿眼前。

紫屏冷落沈水煙，山月堂軒金鴨眠。

麻姑癡煮丹井泉，不識人間有上仙。

　　——陳襄：《古靈集》第 22 卷，第 10～11 頁，《四庫全書》集部・別
　　　　集類，第 1093 冊，第 685 頁。

0480. 嘗新茶

〔宋〕曾鞏

麥粒收來品絕倫，葵花製出樣爭新。

一杯永日醒雙眼，草木英華信有神。

——曾鞏：《元豐類稿》第 8 卷，第 10 頁，《四庫全書》集部·別集類，第 1098 冊，第 414 頁。

0481. 春日閒居

〔宋〕黃庶

韁鎖身閒似未名，方愚情性被春輕。
酒教筆硯因花廢，路為亭臺與草爭。
野客筍邀煨短茁，鄰僧茶約煮新萌。
無時杖履穿林去，真是尋芳戶一丁。

——黃庶：《伐檀集》第 1 卷，第 2 頁，《四庫全書》集部·別集類，第 1092 冊，第 763 頁。

0482. 戲答荊州王充道烹茶

〔宋〕黃庭堅

一

三徑雖鋤客自稀，醉鄉安穩更何之。
老翁更把春風碗，靈府清寒要作詩。

二

茗碗難加酒碗醇，暫時扶起藉糟人。
何須忍垢不濯足，苦學梁州陰子春。

三

香從靈堅嚨上發，味自白石源中生。
為公喚覺荊州夢，可待南柯一夢成。

四

龍焙東風魚眼湯，箇中即是白雲鄉。
更煎雙井蒼鷹爪，始耐落花春日長。

——黃庭堅：《山谷集》第 10 卷，第 12 頁，《四庫全書》集部·別集類，第 1113 集，第 81 頁。

0483. **寄新茶與南禪師**

〔宋〕黃庭堅

筠焙熟香茶，能醫病眼花。

因甘野夫食，聊寄法王家。

石缽收雲液，銅缾煮露華。

一甌資舌本，吾欲問三車。

——汪灝等：《御定佩文齋廣群芳譜》第 20 卷，第 20 頁，《四庫全書》
子部·譜錄類，第 845 冊，第 634 頁。

0484. **雙井茶送子瞻**

〔宋〕黃庭堅

人間風日不到處，天上玉堂森寶書。

想見東坡舊居士，揮毫百斛瀉明珠。

我家江南摘雲腴，落磑霏霏雪不如。

為君喚起黃州夢，獨載扁舟向五湖。

——黃庭堅：《山谷集》第 3 卷，第 3 頁，《四庫全書》集部·別集類，
第 1113 集，第 23 頁。

0485. **謝送碾賜壑源揀芽**

〔宋〕黃庭堅

矞雲從龍小蒼璧，元豐至今人未識。

壑源包貢第一春，緗奩碾香供玉食。

睿思殿東金井欄，甘露薦碗天開顏。

橋山事嚴庀百局，補袞諸公省中宿。

中人傳賜夜未央，雨露恩光照宮燭。

左丞似是李元禮，好事風流有涇渭。

肯憐天祿校書郎，親敕家庭遣分似。

春風飽識太官羊，不慣腐儒湯餅腸。

搜攬十年燈火讀，令我胸中書傳香。

已戒應門老馬走，客來問字莫載酒。

——黃庭堅：《山谷集》第 3 卷，第 8 頁，《四庫全書》集部·別集類，
第 1113 集，第 26 頁。

0486. 以小龍團及半挺贈无咎並詩用前韻為戲

〔宋〕黃庭堅

我持元圭與蒼璧，以暗投人渠不識。
城南窮巷有佳人，不索檳榔常晏食。
赤銅茗碗雨斑斑，銀粟翻光解破顏。
上有龍文下棋局，擔囊贈君諾已宿。
此物已是元豐春，先皇聖功調玉燭。
晁子胸中嫻典禮，平生自期莘與渭。
故用澆君磊塊胸，莫令鬢毛雪相似。
曲几蒲團聽煮湯，煎成車聲繞羊腸。
雞蘇故麻留渴羌，不應亂我官焙香。
肥如瓠壺鼻雷吼，幸君飲此勿飲酒。

——黃庭堅：《山谷集》第 3 卷，第 9 頁，《四庫全書》集部·別集類，
第 1113 集，第 26 頁。

0487. 博士王揚休碾密雲龍同事十三人飲之戲作

〔宋〕黃庭堅

矞雲蒼璧小盤龍，貢包新樣出元豐。
王郎坦腹飯床東，太官分物來婦翁。
棘圍深鎖武成宮，談天進士雕虛空。
鳴鳩欲雨喚雌雄，南嶺北嶺宮徵同。
午窗欲眠視濛濛，喜君開包碾春風，
注湯官焙香出籠。非君灌頂甘露碗，
幾為談天乾舌本。

——黃庭堅：《山谷集》第 4 卷，第 4～5 頁，《四庫全書》集部·別集
類，第 1113 集，第 34 頁。

0488. 答黃冕仲索煎雙井並簡揚休

〔宋〕黃庭堅

江夏無雙乃吾宗，同舍頗似王安豐。

能澆茗碗淰祓我，風袂欲挹浮丘翁。

吾宗落筆賞幽事，秋月下照澄江空。

家山鷹爪是小草，敢與好賜雲龍同。

不嫌水厄幸來辱，寒泉湯鼎聽松風，

夜堂朱墨小燈籠。惜無纖纖來捧碗，

唯倚新詩可傳本。

——黃庭堅：《山谷集》第 4 卷，第 5 頁，《四庫全書》集部·別集類，

第 1113 集，第 34 頁。

0489. 送李德素歸舒城

〔宋〕黃庭堅

僧夏莫問塗，麥秋宜煮餅。

北寺旬休歸，長廊六月冷。

簟飜寒江浪，茶破蒼璧影。

李侯為我來，遽以歸期請。

青衿廢詩書，白髮違定省。

荒畦當鋤灌，蠹簡要籤整。

挽衣不可留，決去事幽屏。

天恢獵德網，日饎養賢鼎。

此士落江湖，熟思令人癭。

胷中吉祥宅，膜外榮辱境。

婆娑萬物表，藏刃避綮肯。

人生要當學，安燕不徹警。

古來惟深地，相待汲修綆。

——黃庭堅：《山谷集》第 3 卷，第 15～16 頁，《四庫全書》集部·別

集類，第 1113 冊，第 29～30 頁。

0490. 謝公擇舅分賜茶

〔宋〕黃庭堅

一

外家新賜蒼龍璧，北焙風煙天上來。
明日蓬山破寒月，先甘和夢聽春雷。

二

文書滿案惟生睡，夢裏鳴鳩喚雨來。
乞與降魔大圓鏡，真成破柱作驚雷。

三

細題葉字包青篛，割取丘郎春信來。
拚洗一春湯餅睡，亦知清夜有蛟雷。

——黃庭堅：《山谷集》第 9 卷，第 12 頁，《四庫全書》集部·別集
類，第 1113 集，第 72 頁。

0491. 以雙井茶送孔常父武仲

〔宋〕黃庭堅

校經同省併門居，無日不聞公讀書。
故持茗椀澆舌本，要聽六經如貫珠。
心知韻勝舌知腴，何似寶雲與真如。
湯餅作魔應午寢，慰公渴夢吞江湖。

——黃庭堅：《山谷集》第 3 卷，第 4～5 頁，《四庫全書》集部·別集
類，第 1113 冊，第 24 頁。

附：常父答詩有「煎點徑須煩綠珠」之句，復次韻戲答
小鬟雖醜巧妝梳，掃地如鏡能檢書。
欲買娉婷供煮茗，我無一斛明月珠。
知公家亦闕掃除，但有文君對相如。
政當為公乞如願，作箋遠寄宮亭湖。

——黃庭堅：《山谷集》第 3 卷，第 5 頁，《四庫全書》集部·別集類，
第 1113 冊，第 24 頁。

0492. 和涼軒二首

〔宋〕黃庭堅

一

打荷看急雨，吞月任行雲。

夜半蚊雷起，西風為解紛。

二

茗碗夢中覺，荷花鏡裏香。

涼生只當處，暑退亦無方。

——黃庭堅：《山谷集》第 11 卷，第 10～11 頁，《四庫全書》集部·
別集類，第 1113 冊，第 88 頁。

0493. 題默軒和遵老

〔宋〕黃庭堅

平生三業淨，在俗亦超然。

佛事一盂飯，橫眠不學禪。

松風佳客共，茶夢小僧圓。

漫續山家頌，非詩莫浪傳。

——黃庭堅：《山谷集》第 11 卷，第 10 頁，《四庫全書》集部·別集
類，第 1113 冊，第 88 頁。

0494. 新喻道中寄元明用觴字韻

〔宋〕黃庭堅

中年畏病不舉酒，孤負東來數百觴。

喚客煎茶山店遠，看人秧稻午風涼。

但知家裏俱無恙，不用書來細作行。

一百八盤攜手上，至今猶夢繞羊腸。

——黃庭堅撰，任淵注：《山谷內集詩注》第 16 卷，第 17 頁，《四庫
全書》集部·別集類，第 1114 冊，第 197 頁。

0495. 茶

〔宋〕秦觀

茶實嘉木英，其香乃天育。

芳不愧杜蘅，清堪掩椒菊。

上客集堂葵，圓月探奩盎。

玉鼎注漫流，金碾響丈竹。

侵尋發美鬯，猗狔生乳粟。

經時不銷歇，衣袂帶紛鬱。

幸蒙巾笥藏，苦厭龍蘭續。

願君斥異類，使我全芬馥。

——秦觀：《淮海集·後集》第 1 卷，第 4 頁。《四庫全書》集部·別
集類，第 1115 冊，第 655 頁。

0496. 茶臼

〔宋〕秦觀

幽人耽茗飲，刳木事搗撞。

巧製合臼形，雅音侔柷椌。

靈室困亭午，松然明鼎窗。

呼奴碎圓月，搔首聞錚鏦。

茶仙賴君得，睡魔資爾降。

所宜玉兔搗，不必力士扛。

願偕黃金碾，自比百玉缸。

彼美製作妙，俗物難與雙。

——秦觀：《淮海集》第 42 卷，第 4～5 頁，《四庫全書》集部·別集
類，第 1115 冊，第 655 頁。

0497. 閏月二日清坐

〔宋〕章甫

淮海秋風日，柴荊老病夫。

詩因窮處得，愁到酒邊無。

俗物妨青眼，浮生喜白鬚。

繩床供午寢，清夢落江湖。

秋閨遲收穫，年衰惜友朋。

每懷人似玉，安得酒如澠。

鵲語何多誕，蟬聲故可憎。

茶香新落磨，亦足洗炎蒸。

——章甫：《自鳴集》第 4 卷，第 12 頁，《四庫全書》集部·別集類，
　　第 1165 冊，第 410 頁。

0498. 送茶宋大監

〔宋〕毛滂

鳳凰山畔雨前春，玉骨雲腴絕可人。

寄與青雲欲仙客，一甌相映兩無塵。

玉兔甌中霜月色，照公問路廣寒宮。

絕勝自酌寒窗下，睡減悲添愁事叢。

——毛滂：《東堂集》第 4 卷，第 26 頁，《四庫全書》集部·別集類，
　　第 1123 冊，第 743 頁。

0499. 醉中偶成

〔宋〕樂雷發

醉敲茶臼嘯秋煙，苦欠高陽買酒錢。

擬入亂山餐柏葉，石林閒對麝香眠。

——樂雷發：《雪磯叢稿》第 4 卷，第 4 頁，《四庫全書》集部·別集
　　類，第 1182 冊，第 708 頁。

0500. 九日分韻得去字

〔宋〕彭龜年

昔從招提遊，岸柳擘新絮。

那知再到時，葉落滿庭署。

爭如青青松，寒暑了不與。

古幹屈龍蛇，依然舊遊處。

觸物轉多時，何以消百慮。

陶潛早解此，撒手賦歸去。

紛紛世俗流，何用苦歡飫。

試問皎然師，茶香得誰助。

——彭龜年：《止堂集》第 16 卷，第 3 頁，《四庫全書》集部·別集
類，第 1155 冊，第 909 頁。

0501. 香茶供養黃蘗長老悟公故人之塔，並以小詩見意二首

〔宋〕朱熹

一

擺手臨行一寄聲，故應離合未忘情。

炷香瀹茗知何處，十二峰前海月明。

二

一別人間萬事空，他年何處卻相逢。

不須更話三生石，紫翠參天十二峰。

——朱熹：《晦庵集》第 9 卷，第 23 頁，《四庫全書》集部·別集類，
第 1143 冊，第 154 頁。

0502. 茶灶

〔宋〕朱熹

仙翁遺石灶，宛在水中央。

飲罷方舟去，茶煙嫋細香。

——朱熹：《晦庵集》第 9 卷，第 7 頁，《四庫全書》集部·別集類，
第 1143 冊，第 154 頁。

0503. 詠茶〔註58〕

〔宋〕朱熹

我來屏山下，奔走倦僮僕。

亭亭日已中，冠巾濕如沐。

〔註58〕又題為《淳熙戊戌七月廿九日，早發潭溪，西登雲谷，取道芹溪。友人丘子
野留宿，因題芹溪小隱以貽之，作此以紀其事。》

訪我芹溪翁，解裝留憩宿。

茗碗瀹甘寒，溫泉試新浴。

抖擻神氣清，散步支筇竹。

蘆峰在瞻望，隱隱見雲谷。

頓覺塵慮空，豁然洗心目。

君居硯山西，高隱志不俗。

窗幾列琴書，庭皋富花木。

往來數相過，主賓情意熟。

開尊酌香醪，謦欬話衷曲。

從容出妙句，滿幅粲珠玉。

邀約登赫曦，襟期伴幽獨。

茲遊得良朋，道義推前夙。

扁字為留題，深愧毛錐禿。

程敏政：《新安文獻志》第 53 卷·第 9-10 頁·《四庫全書》集部·總集類，第 1375 冊，第 657～658 頁。

0504. 茶阪

〔宋〕朱熹

攜籝北嶺西，採擷供茗飲。

一啜夜窗寒，跏趺謝衾枕。

——朱熹：《晦庵集》第 6 卷，第 26 頁，《四庫全書》集部·別集類，第 1143 冊，第 110 頁。

0505. 夜得岳後庵僧家園新茶甚不多輒分數碗奉伯承〔註59〕

〔宋〕朱熹

小園茶樹數千章，走寄萌芽初得嘗。

雖無山頂煙嵐潤，亦有靈源一派香。

附唱酬二首：

〔註59〕此詩亦名《飲茶》。

新英簇簇燦旗槍，僧舍今朝得味嘗。

入座半甌浮綠泛，鴉山烏啄不如香。（張栻）

芽吐金英風味長，我於僧舍得先嘗。

飲時各盡盧仝量，去膩除繁有遠香。（林用中）

——朱熹、張栻、林用中：《南嶽唱酬集》第 1 卷，第 20 頁，《四庫全書》集部·總集類，第 1348 冊，第 621 頁。

0506. 積芳圃

〔宋〕朱熹

樂事從諮不易涯，朱門還似野人家。

行看靚豔須攜酒，座對清蔭只煮茶。

小起蒼涼承墜露，晚來光景亂蒸霞。

平生結習今餘幾，試數毗廓襟上花。

——朱熹：《晦庵集》第 3 卷，第 9 頁，《四庫全書》集部·別集類，第 1143 冊，第 58 頁。

0507. 休庵

〔宋〕朱熹

別嶺有精廬，林巒亦幽絕。

無事一往來，茶瓜不須設。

——朱熹：《晦庵集》第 6 卷，第 26 頁，《四庫全書》集部·別集類，第 1143 冊，第 110 頁。

0508. 題臨江茶閣

〔宋〕翁元廣

門外黃塵沒馬韉，溪山對此獨翛然。

一杯春露暫留客，兩腋清風幾欲仙。

可但喚回槐國夢，不妨更舉趙州禪。

憑欄得句未易寫，盡日孤煙白鳥邊。

——厲鶚：《宋詩紀事》第 74 卷，第 7 頁，《四庫全書》集部·詩文評類，第 1485 冊，第 475 頁。

0509. 夢回

〔宋〕翁卷

一枕莊生夢，回來日未衙。

自煎砂井水，更煮岳僧茶。

宿雨消花氣，驚雷長荻芽。

故山滄海角，遙念在春華。

——厲鶚：《宋詩紀事》第 63 卷，第 27 頁，《四庫全書》集部・詩文
評類，第 1485 冊，第 318 頁。

0510. 崇壽寺

〔宋〕吳鋼

坳徑石齟牙，梅枝礙竹斜。

舊封妃子院，殘照覺王家。

亭砌旋風葉，岩流出洞花。

飽參塵世味，得似野僧茶。

——厲鶚：《宋詩紀事》第 70 卷，第 15 頁，《四庫全書》集部・詩文
評類，第 1485 冊，第 431 頁。

0511. 東庵與道者語有感

〔宋〕張蘊

瘦策松間日又斜，更過東庵吃僧茶。

丹青嶺樹膽寒葉，水墨江天噪亂鴉。

付酒一杯真樂事，讀書萬卷是愁涯。

更嘗世故知閒味，河水依然鬢自華。

——陳起：《江湖小集》第 89 卷，第 5 頁，《四庫全書》集部・總集
類，第 1357 冊，第 662 頁。

0512. 湖上口占

〔宋〕鄭清之

賣荈千艘底處藏，媧天濯熱臥湖光。

山雲既雨猶相逐，水草無花亦自香。

野徑遍穿人借問，僧茶旋點客先嘗。

翻思舉世趨炎者，誰識蘋風五月涼。

——鄭清之：《安晚堂集》第 9 卷，第 10 頁，見《四庫全書》集部·
別集類，第 1176 冊，第 871 頁。

0513. 默坐偶成

〔宋〕鄭清之

恒河見水老如新，此見云何別妄真。

心本佛心須作佛，境皆塵境莫隨塵。

空中花果浮生眼，夢裏悲歡現在身。

萬事盧胡吃茶去，不知誰主更誰賓。

——鄭清之：《安晚堂集》第 6 卷，第 1 頁，見《四庫全書》集部·別
集類，第 1176 冊，第 849 頁。

0514. 題石橋

〔宋〕陳知柔

巨石橫空豈偶然，萬雷奔壑有飛泉。

好山雄壓三千界，幽處長棲五百仙。

雲際樓臺深夜見，雨中鍾皷隔溪傳。

我來不作聲聞想，聊試茶甌一味禪。

——宋·林表民：《天台續集別編》第 2 卷，第 7～8 頁，《四庫全書》
集部·總集類。第 1356 冊，第 537 頁。

0515. 題湯郎中玉峽

〔宋〕方岳

平擘蒼厓破，晴空雪溜湍。

雙湫嵐氣重，一派雨聲寒。

自有雲相伴，只消僧共看。

括芽春可煮，移鼎對巑岏。

——方岳：《秋崖集》第 5 卷，第 20 頁，《四庫全書》集部·別集類，
第 1182 冊，第 191 頁。

0516. 離括日子安湯卿子貫同宿天寧

〔宋〕方岳

數月蒼州住，山猶有故情。

雨如知去日，詩亦了行程。

官柳因寒損，僧茶帶雪清。

怕無書信便，一夜語連明。

——方岳：《秋崖集》第 5 卷，第 20 頁，《四庫全書》集部·別集類，

第 1182 冊，第 191 頁。

0517. 過襄陽

〔宋〕李復

表裏山川舊楚畿，築關乘險事皆非。

槎頭魚盡無新語，峴首人亡失隱扉。

雲外煮茶僧室靜，江邊酤酒客帆歸。

我來駐節無言久，為愛春流可染衣。

——李復：《潏水集》第 14 卷，第 11～12 頁，見《四庫全書》集部·

別集類，第 1121 冊，第 136 頁。

0518. 八月上澣登步雲亭

〔宋〕韋驤

一日優閒九日忙，步雲亭上共翱翔。

地高始覺秋風勁，事隙方知晝景長。

戲舉禪談一重案，靜看茶戰第三湯。

吾民況有京坻望，遂宦宜從嘯詠忘。

——韋驤：《錢塘集》第 6 卷，第 33 頁，《四庫全書》集部·別集類，

第 1097 冊，第 503 頁。

0519. 香山野步二首

〔宋〕舒亶

一

龍護空堂鉢，雲籠古殿燈。

經窗僧待月，茶井客敲冰。
驚雁回峰影，疏星亞塔層。
心清更無睡，未羨杜郎能。
二
空潤寒探月，高齋客聚星。
霜分破窗白，山獻隔簾青。
窺水知僧定，占雲識地靈。
時時驚鶴夢，木葉下危亭。

——袁桷：《延祐四明志》第 20 卷，第 31～32 頁，《四庫全書》史部·
地理類，第 491 冊，第 680～681 頁。

0520. 感興
〔宋〕吳龍翰

多病頻辭客，無人自掩扉。
斸松供藥火，葺葉補漁衣。
日月雙丸疾，乾坤一粟微。
不須求外道，悟此是玄機。
野興在漁艇，風潮不憚勞。
苔生肥石骨，水落瘦溪毛。
霜重稻粱熟，天清雁字高。
醉餘歌古調，人事析秋毫。
閉門逃俗客，攜酒過禪關。
灶古茶煙斷，碑殘雨蘚瘢。
秋僧行影瘦，夜鶴病翎寒。
片月隨人到，孤琴對佛彈。
百事謀何拙，一閒夢亦清。
定交毛穎子，結怨孔方兄。
鶴影雲煙瘦，蟬聲風露輕。
寸心虛白久，蛻骨待丹成。

——吳龍翰：《古梅遺稿》第 2 卷，第 1～2 頁，《四庫全書》集部·別
集類，第 1188 冊，第 848 頁。

0521. 天童石溪

〔宋〕陸銓

溪轉峰回翠藹新，諸天樓閣傍星辰。

深山筍熟人如市，禪室茶香客過頻。

龕燭能留長夜月，嵒花不斷四時春。

共來物外舒塵縛，莫厭披襟與岸巾。

——聞性道、德介撰：《天童寺志》，見杜潔祥主編：《中國佛寺史志彙刊》第 1 輯第 13、14 冊，明文書局，1980 年，第 68 頁。

0522. 磨茶橋詩

〔宋〕白川

春茶成月團，必假磨礱力。

橋畔聽經人，茶香聞月夕。

——聞性道、德介撰：《天童寺志》，見杜潔祥主編：《中國佛寺史志彙刊》第 1 輯第 13、14 冊，明文書局，1980 年，第 102 頁。

0523. 四禪寮詩〔註60〕

〔宋〕白川

山中緇侶各龐眉，笑聚松堂何所為。

試取虎泉烹細茗，臨風坐啜兩三瓷。

——聞性道、德介撰：《天童寺志》，見杜潔祥主編：《中國佛寺史志彙刊》第 1 輯第 13、14 冊，明文書局，1980 年，第 103 頁。

0524. 排句十二韻

〔宋〕謝秉昌

家弟維賢、瞻在、文國過玉幾松堂止靜，余不及從，得排句十二韻。

寂寂茆堂俯夕陰，離離花徑寄微吟。

青山到處望中遠，長日思來別後深。

〔註60〕《四禪僚詩》有四，此錄其二。

春色漂零知幾處，浮雲來去亦何心。

只愁琢石終非玉，強為炊沙未得金。

池上潛鱗思縱壑，枝頭倦羽愛投林。

宗風暢出無南北，山水蒼茫自古今。

偶喜閒身觀去住，重逢勝地記登臨。

爾時雨過松杉色，盡日風還鍾磬音。

瓢水飲時知冷煖，蓮花漏斷夢浮沉。

舟離古渡愁難越，塵拂芒鞋足不禁。

野蔌毹疎宜入饌，溪茶香潔又頻斟。

何人淨掃孤峰石，置我閒彈一曲琴。

——釋晥荃：《明州阿育王山續志》，見杜潔祥主編：《中國佛寺史志彙
刊》第 1 輯第 11、12 冊，明文書局，1980 年，第 530 頁。

0525. 寒夜

〔宋〕杜耒

寒夜客來茶當酒，竹爐湯沸火初紅。

尋常一樣窗前月，才有梅花便不同。

——厲鶚：《宋詩紀事》第 65 卷，第 26 頁，《四庫全書》集部·詩文
評類，第 1485 冊，第 355 頁。

0526. 煮茶

〔宋〕晏殊

稽山新茗綠如煙，靜挈都藍煮惠泉。

未向人間殺風景，更持醪醑醉花前。

——厲鶚：《宋詩紀事》第 7 卷，第 18 頁，《四庫全書》集部·詩文評
類，第 1485 冊，第 185 頁。

0527. 賞茶

〔宋〕戴昺

自汲香泉帶落花，漫燒石鼎試新茶。

綠陰天氣閒庭院，臥聽黃蜂報晚衙。

——戴昺：《東野農歌集》第 5 卷，第 1 頁，《四庫全書》集部‧別集類，第 1178 冊，第 700 頁。

0528. 明慶僧房夜坐詩

〔宋〕趙鼎〔註61〕

月明窗竹冷橫斜，坐看風燈落燼花。

老眼病餘嫌細字，枯腸寒甚怯清茶。

囊空豈是久為客，夢短其能飛到家。

但有流年尋鬢髮，蕭蕭蓬葆靖霜華。

——吳之鯨：《武林梵志》第 1 卷，第 29 頁，《四庫全書》史部‧地理類，第 588 冊，第 16 頁。

0529. 次韻魯直謝李左丞送茶

〔宋〕晁補之

都城米貴斗論璧，長饑茗碗無從識。

道和何暇索檳榔，慚愧雲龍羞肉食。

壑源萬畝不作欄，上春伐鼓驚山顏。

題封進御官有局，夜行初不更驛宿。

冰融太液俱未知，寒食新苞隨賜燭。

建安一水去兩水，易較豈如涇與渭。

左丞分送天上餘，我試比方良有似。

月團清潤珍豢羊，葵花瑣細胃與腸。

可憐賦罷群玉晚，寧憶睡餘雙井香。

大勝膠西蘇太守，茶湯不美誇薄酒。

——晁補之：《雞肋集》第 12 卷，第 4～5 頁，《四庫全書》集部‧別集類，第 1118 冊，第 488 頁。

〔註61〕謚號「忠簡」，後世常稱其為「趙忠簡公」。

0530. 魯直復以詩送茶雲願君飲此勿飲酒次韻

〔宋〕晁補之

相茶真似石韞璧，至精那可皮膚識。
溪芽不給萬口須，往往山毛俱入食。
雲龍正用餉近班，乞與粗官誠靦顏。
崇朝一碗坐官局，申旦形清不成宿。
平生樂此臭味同，故人貽我情相燭。
黃侯發軔日千里，天育收駒自汧渭。
車聲出鼎細九盤，如此佳句誰能似。
遣試齊民蟹眼湯，扶起醉頭湔腐腸。
頗類他時玉川子，破鼻竹林風送香。
吾儕幽事動不朽，但讀離騷可無酒。

——晁補之：《雞肋集》第 12 卷，第 5 頁，《四庫全書》集部·別集
類，第 1118 冊，第 488 頁。

0531. 陸元鈞宰寄日注茶

〔宋〕晁沖之

我昔不知風雅頌，草木獨遺茶比諷。
陋哉徐鉉說茶苦，欲與淇園竹同種。
又疑禹漏稅九州，橘柚當年錯包貢。
腐儒妄測聖人意，遠物勞民亦安用。
含桃熟薦當任盤，荔子生來枉飛鞚。
羊萐異好亦何有，蚶菜殊珍要非奉。
君家季疵真禍首，毀論徒勞世仍重。
爭新鬥試誇擊拂，風俗移人可深痛。
老夫病渴手自煎，嗜好悠悠亦從眾。
更煩小陸分日注，密封細字蠻奴送。
槍旗卻憶採擷初，雪花似是雲溪動。
更期遣我但敲門，玉川無復周公夢。

——吳之振：《宋詩鈔》第 32 卷，第 3 頁，《四庫全書》集部·總集
類，第 1461 冊，第 674 頁。

0532. 簡江子之求茶

〔宋〕晁沖之

政和密雲不作團，小銙寸許蒼龍蟠。

金花絳囊如截玉，綠面彷彿松溪寒。

人間此品那可得，三年聞有終未識。

老夫於此百不忙，飽食但苦夏日長。

北窗無風睡不解，齒頰苦澀思清涼。

故人新除協律郎，交遊多在白玉堂，

揀芽鬥誇皆飫嘗。幸為傳聲李太府，

煩渠折簡買頭綱。

——吳之振：《宋詩鈔》第 32 卷，第 7 頁，《四庫全書》集部·總集
類，第 1461 冊，第 676 頁。

0533. 謝人送鳳團及建茶

〔宋〕韓駒

山瓶慣識露芽香，細蒻勺排訝許方。

猶喜晚途官樣在，密羅深碾看飛霜。

——韓駒：《陵陽集》第 4 卷，第 14 頁，《四庫全書》集部·別集類，
第 1133 冊，第 804 頁。

0534. 飲修仁茶

〔宋〕孫覿

煙雲吐長崖，風雨暗古縣。

竹輿䫴兩肩，弛擔息微倦。

茗飲初一嘗，老父有芹獻。

幽姿絕媚嫵，著齒得瞑眩。

昏昏嗜睡翁，喚起風灑面。

亦有不平心，盡從毛孔散。

——孫覿：《鴻慶居士集》第 3 卷，第 14 頁，《四庫全書》集部·別集
類，第 1135 冊，第 33 頁。

0535. 李茂嘉寄茶

〔宋〕孫覿

蠻珍分到謫仙家，斷璧殘璋裏絳紗。

擬把金釵候湯眼，不將白玉伴脂麻。

——孫覿：《鴻慶居士集》第 5 卷，第 3 頁，《四庫全書》集部·別集類，第 1135 冊，第 51 頁。

0536. 次韻劉昇卿惠焦坑寺茶用東坡韻

〔宋〕王庭珪

日出城門啼早鴉，杖藜投足野僧家。

非關西寺鐘前飯，要看南枝雪裏花。

玉局偶然留妙語，焦坑從此貴新茶。

劉郎寄我兼長句，落筆更如錐畫沙。

——王庭珪：《盧溪文集》第 14 卷，第 1 頁，《四庫全書》集部·別集類，第 1134 冊，第 157 頁。

0537. 戲酬嘗草茶

〔宋〕沈與求

慣看留客費瓜茶，政羨多藏不示誇。

要使睡魔能偃草，肯慚歡伯解迷花。

一旗但覺烹殊品，雙鳳何須覓瑞芽。

待摘家山供茗飲，與君盟約去驕奢。

——沈與求：《龜溪集》第 3 卷，第 19～20 頁，《四庫全書》集部·別集類，第 1133 冊，第 152～153 頁。

0538. 韋齋記茶

〔宋〕朱松

一、用前韻〔註62〕**答翁子靜**

客心既岑寂，節物亦倥傯。

幽籬菊初暗，深壑梅已動。

古人傲尺璧，顧謂寸陰重。

欲從夫子游，掣肘愧不勇。

松高節磊砢，鶴老格清聳。

當知山澤臞，誰羨將相種。

一官戲人間，叢書以自擁。

微言聞緒餘，三歎手輒拱。

青天本寥廓，不受雲霧瀜。

願言瞻清明，茗碗不辭捧。

——朱松：《韋齋集》第 1 卷，第 10～11 頁，《四庫全書》集部・別集
類，第 1133 冊，第 441～442 頁。

二、書僧房

陸續流泉自成句，來擁紅爐聽山雨。

道人更有深深處，詰曲如珠蟻絲度。

幾研無塵寒欲霧，雕盤篆破孤螢吐。

味如嚼蠟那禁咀，茶甘未回君莫去。

——朱松：《韋齋集》第 2 卷，第 1 頁，《四庫全書》集部・別集類，
第 1133 冊，第 446 頁。

三、陳德瑞餽新茶

空山冥冥雲霧窗，春風好夢欹殘缸。

朝來果得故人信，微凸而麼犀鑄雙。

〔註62〕前韻詩為《至節日建州會詹士元》：「嗟予身百憂，佳節過倥傯。客愁隨線增，
歸思與灰動。當年從子日，未覺百慮重。高堂繞床呼，一擲有餘勇。那知客天
涯，相對寒骨聳。歲月曾幾何，鬢絲今種種。忍饑山藥煮，附煖地爐擁。深藏
斷還往，衰病脫拜拱。興言望鄉關，雲物方鬱瀜。空餘相屬意，杯酒久不捧。」

貴人爭買百璎珞，此心兒女久已降。

坐觀市井起攘袂，念之使我心紛厖。

領君此意九鼎重，雖有筆力安能扛。

何時來施三昧手，慰我渴夢思長江。

—— 朱松：《韋齋集》第 2 卷，第 2～3 頁，《四庫全書》集部・別集
類，第 1133 冊，第 447 頁。

四、次韻張漕茶山喜雨

天公積憤何曾雪，遑恤茶工貪攬擷。

無聊桃李困遲暗，白蔫紅飛亂撷□。

誰疏天漢下穹窿，苦厭風霾昏嶙泉。

行臺使者掃雲手，釃酒叢祠拜靈蕝。

歸來一雨動三日，溝壑遺民起垂絕。

豈唯槍旗各呈露，更喜筍蕨爭芽茁。

明朝擊鼓萬指集，雲蹬攜籯穿曲折。

紅塵一騎天容開，顧渚蒙山坐銷歇。

帝觴嘗罷思苦口，公如子牟心魏闕。

金鑾諫舌夜生塵，回首山中記同啜。

—— 朱松：《韋齋集》第 3 卷，第 8 頁，《四庫全書》集部・別集類，
第 1133 冊，第 459 頁。

五、汪彥允見和約遊東山作荔枝次韻

天工傾倒不餘力，唯有荔枝香味色。

君家桃李要爭妍，腸斷鬢絲禪榻客。

書生甕蔌天所支，煮茗誇妓非良規。

腹饑眼寒君不忍，著詩喚作東山嬉。

冰盤絳實光照市，歸來香滿巫陽袂。

明日人傳玉蕊仙，絕勝空賦青龍柿。

—— 朱松：《韋齋集》第 4 卷，第 9 頁，《四庫全書》集部・別集類，
第 1133 冊，第 460 頁。

六、答卓民表送茶

攪雲飛雪一番新，誰念幽人尚食陳。

髼髯三生玉川子，破除千餅建溪春。

喚回窈窈清都夢，洗盡蓬蓬渴肺塵。

便欲乘風度芹水，卻悲狡獪得君嗔。

——朱松：《韋齋集》第 4 卷，第 4 頁，《四庫全書》集部·別集類，
　　第 1133 冊，第 467 頁。

七、董邦則求茶軒詩次韻

一軒新築敞柴荊，北苑塵飛客思清。

更買樵青娛晚景，便應盧老是前生。

千門北闕夢不到，一卷玉杯心自明。

冷看田侯堂上客，醉中談笑起相烹。

——朱松：《韋齋集》第 4 卷，第 7 頁，《四庫全書》集部·別集類，
　　第 1133 冊，第 468 頁。

八、次韻堯端試茶

龍文新誇薦緗羅，園吏分嘗苦未多。

自淪雲腴斟露井，坐知雪粒採陽坡。

撐腸君要澆黃卷，愛酒渠方捲白波。

我亦箇中殊不淺，斷無蹤跡到無何。

——朱松：《韋齋集》第 4 卷，第 11 頁，《四庫全書》集部·別集類，
　　第 1133 冊，第 470 頁。

九、書護國上方

久知喧寂兩空華，分別應緣一念邪。

為問脫靴吟芍藥，何如煮茗對梅花。

——朱松：《韋齋集》第 5 卷，第 10 頁，《四庫全書》集部·別集類，
　　第 1133 冊，第 478 頁。

十、元聲許茶絕句督之

鳳山一震卷春回，想見香芽幾焙開。

未辦倩君持券買，故應須我著詩催。

——朱松：《韋齋集》第 5 卷，第 10 頁，《四庫全書》集部·別集類，
第 1133 冊，第 478 頁。

十一、謝人寄茶

寄我新詩錦繡端，解包更得鳳山團。

分無心賞陪顛陸，只有家風似懶殘。

——朱松：《韋齋集》第 5 卷，第 10 頁，《四庫全書》集部·別集類，
第 1133 冊，第 478 頁。

十二、以月團為十二郎生日之壽戲為數小詩

（一）

鳳山團餅月瞳朦，老桂橫枝出舊叢。

小友他年春入手，始知蟾窟本來空。

（二）

夢覺床頭無復酒，語終甌底但餘麋。

已堪北海呼為友，猶恐西真喚作兒。

（三）

駸駸驚子筆生風，開卷猶須一尺窮。

年長那知蟲鼠等，眼明已見角犀豐。

（四）

生朝樂事記當年，湯餅何須半臂錢。

吾算自知樽有酒，汝翁莫歎坐無氈。

——朱松：《韋齋集》第 5 卷，第 16～17 頁，《四庫全書》集部·別集
類，第 1133 冊，第 481～482 頁。

0539. 茶巖

〔宋〕羅願

巖下才經昨夜雷，風爐瓦鼎一時來。

便將槐火煎岩溜，聽作松風萬壑回。

——羅願：《羅鄂州小集》第 1 卷，第 19 頁，《四庫全書》集部・別集類，第 1142 冊，第 472 頁。

0540. 次韻王少府送焦坑茶

〔宋〕周必大

昏然午枕困漳濱，醒以清風賴子真。

初似參禪逢硬語，久如味諫得端人。

王程不趁清明宴，野老先分浩蕩春。

敢向柘羅評綠玉，待君同碾試飛塵。

——陳焯：《宋元詩會》第 38 卷，第 9 頁，《四庫全書》集部・總集類，第 1463 冊，第 588 頁。

0541. 胡邦衡生日以詩送北苑八銙日鑄二瓶

〔宋〕周必大

賀客稱觴滿冠霞，懸知酒渴正思茶。

尚書八餅分閩焙，主簿雙瓶揀越芽。

妙手合調金鼎鉉，清風穩到玉皇家。

明年敕使宣臺饋，莫忘幽人賦葉嘉。

——陳焯：《宋元詩會》第 38 卷，第 10 頁，《四庫全書》集部・總集類，第 1463 冊，第 589 頁。

0542. 野谷茶詩

〔宋〕趙汝燧

一、仰山行

平生幾兩謝公屐，愛山愛水真成癖。

集雲峰在指顧間，年來抗塵乃絕跡。

西風從臾作意登，佛境未入心境清。

九秋顥氣接嵐氣，五里松聲答泉聲。

招提金碧壓深窈，鍾鼓四時遞昏曉。

梵音獨許山鳥聽，禪夢不驚胡蝶繞。

土腴露飽蔬筍鮮，一粥一飯天上仙。

伊蒲供罷日卓午，浮空半是烹茶煙。

四藤欲知閣中味，萬事欲參堂上意。

請將此事且暫置，坐看山雨濯晚翠。

——趙汝鐩：《野谷詩稿》第 2 卷，第 1 頁，《四庫全書》集部‧別集類，第 1175 冊，第 97 頁。

二、憩農家

似陰還似晴，好風弄輕柔。

土膏春犁滑，竹深鳴禽幽。

農家頗瀟灑，瀡瀡清泉流。

蹇余入茅簷，解帶為小留。

荊釵三兩婦，競將機杼投。

吹爐問官人，肯吃村茶不。

群兒匆下讀，千字文蒙求。

余因拊其背，勸汝早休休。

泓穎才識面，白盡年少頭。

耕食而鑿飲，胡不安箕裘。

乃翁聽我言，急把書卷收。

遣兒出門去，一人騎一牛。

——趙汝鐩：《野谷詩稿》第 3 卷，第 2～3 頁，《四庫全書》集部‧別集類，第 1175 冊，第 103～104 頁。

三、聽琴〔註63〕

午睡誰叩門，隔籬喚童子。

童子走來報，一二琴道士。

摘茗烹沙銚，推匆拂石幾。

〔註63〕 《聽琴》之後有一首《談禪》，茲錄以作禪茶參考：「禪僧晚相投，貌古似落魄。說性說虛空，彫心苦摸索。千百則公案，信口無一錯。有蟬隔窗鳴，與僧忝酬酢。僧喝蟬不知，僧怒蟬不覺。蟬厭忽飛去，僧語無處著。呼兒掩柴扉，請僧自行腳。」（趙汝鐩：《野谷詩稿》第 3 卷，第 6 頁。《四庫全書》集部‧別集類，第 1175 冊，第 105 頁。）

高山流水音，屢彈不肯止。
我心本虛淡，無用宮商洗。
淵明未嘗弦，妙趣豈假此。
道士頗不樂，拂衣抱琴起。

——趙汝鐩：《野谷詩稿》第 3 卷，第 5～6 頁，《四庫全書》集部·別
集類，第 1175 冊，第 105 頁。

四、劉子願山居

搬向山邊住，蕭然茅數椽。
平塘印星斗，深谷剩風煙。
老不離書卷，貧誰乞酒錢。
莫言無管待，頻取好茶煎。

——趙汝鐩：《野谷詩稿》第 4 卷，第 1 頁，《四庫全書》集部·別集
類，第 1175 冊，第 110 頁。

五、泊舟

前頭無泊處，且住荻花林。
水沸知灘淺，煙蜂花在瓶。
呼童治茶具，有客扣柴扃。
共說山林話，休嗟兩鬢星。

——趙汝鐩：《野谷詩稿》第 4 卷，第 1 頁，《四庫全書》集部·別集
類，第 1175 冊，第 110 頁。

六、訪王廣文

未是閒時節，君言百念灰。
棲身庵竹石，適意杖莓苔。
人老無由少，春歸卻解來。
呼兒烹苦筍，席地共銜杯。

——趙汝鐩：《野谷詩稿》第 4 卷，第 3 頁，《四庫全書》集部·別集
類，第 1175 冊，第 111 頁。

七、訪曇師

道人雲外住，小徑入庵幽。

幹老梅逾瘦，林疏竹自脩。

揀茶相伴煮，補線且停抽。

此事如何說，下山歸去休。

——趙汝鐩：《野谷詩稿》第 5 卷，第 2 頁，《四庫全書》集部·別集
類，第 1175 冊，第 117 頁。

八、范園避暑

六月暑如炊，追涼此地宜。

棹舟荷柄颭，坐石竹陰移。

籌貫壺雙耳，鼎烹茶一旗。

小童供筆硯，醉客競賡詩。

——趙汝鐩：《野谷詩稿》第 5 卷，第 3 頁，《四庫全書》集部·別集
類，第 1175 冊，第 117 頁。

九、訪次張廣上人繼至

都不見塵埃，園扉傍水開。

晴茵鋪碧草，風彈落黃梅。

訪子因尋竹，呼童忽辦杯。

詩僧相繼至，罷酒把茶來。

——趙汝鐩：《野谷詩稿》第 4 卷，第 4 頁，《四庫全書》集部·別集
類，第 1175 冊，第 118 頁。

十、雪中尋僧

尋僧同踏雪，握手上鐘樓。

初下寒飄屑，才濃風輥毬。

水波糊紙閣，春乳泛茶甌。

片片看來好，龐公有話頭。

——趙汝鐩：《野谷詩稿》第 5 卷，第 6 頁，《四庫全書》集部·別集
類，第 1175 冊，第 119 頁。

十一、郊行同張宰

雨晴郊外共尋芳，細水交流注野塘。

花落戀枝風不肯，柳才舞影日還藏。

轉添老態難於健，看得閒時少似忙。

擬訪一僧共茶話，禪房扃鎖出遊方。

——趙汝鐩：《野谷詩稿》第 6 卷，第 3 頁，《四庫全書》集部·別集類，第 1175 冊，第 123 頁。

十二、茶罷

茶罷晴簷唱午雞，偶騎驢去過東溪。

酒肴分倩樵夫挈，筆硯專令童子攜。

放目水亭欄獨倚，題詩僧舍壁新泥。

興闌歸問來時路，到處蟬鳴日已西。

——趙汝鐩：《野谷詩稿》第 6 卷，第 6 頁，《四庫全書》集部·別集類，第 1175 冊，第 125 頁。

十三、宿妙果寺贈洪上人

上人留我禪房宿，煮筍烹茶語夜闌。

鐵馬鳴風山牖寂，木魚敲雪曉廊寒。

真詮但要此心悟，公案休將故紙鑽。

若道吾言沒滋味，請師且去坐蒲團。

——趙汝鐩：《野谷詩稿》第 6 卷，第 11 頁，《四庫全書》集部·別集類，第 1175 冊，第 127 頁。

十四、訪黃簿留飲

愛靜移家住水南，門排古木枕寒潭。

鶴翎漸長呼童剪，塵尾頻揮對客談。

旋切銀絲鱠鮮鯽，新嘗金顆擘香柑。

惜余戒飲難陪伴，舉白掀髯子獨酣。

——趙汝鐩：《野谷詩稿》第 6 卷，第 11 頁，《四庫全書》集部·別集類，第 1175 冊，第 127 頁。

十五、行春

綠楊嫋嫋草萋萋，緩步行春獨杖藜。

搜蕊蜂兒透花骨，增巢燕子啣芹泥。

過溪野水沖橋板，覓路田塍穿菜畦。

松竹林間僧揖我，謁茶攜手上招提。

——趙汝鐩：《野谷詩稿》第 6 卷，第 11 頁，《四庫全書》集部・別集類，第 1175 冊，第 127 頁。

十六、題萊公泉

舊名甘泉，在武陵道中，馬鞍山下，張南軒題曰「萊公泉」。泉邊有寺，寺有寇萊公留題石刻，云：庚申年七月平仲南行至甘泉院，僧示以詩版，征途不暇，吟詠代記歲月。

馬鞍山下倚吟鞭，慨想前賢古道邊。

健筆南軒三大字，高風相國一泓泉。

征途著句雖無暇，詩版留名自可傳。

寺主相邀觀石刻，呼童汲水取茶煎。

——趙汝鐩：《野谷詩稿》第 6 卷，第 14～15 頁，《四庫全書》集部・別集類，第 1175 冊，第 129 頁。

0543. 茶歌

〔宋〕白玉蟾〔註64〕

柳眼偷看梅花飛，百花頭上東風吹。

壑源春到不知時，霹靂一聲驚曉枝。

枝頭未敢展鎗旗，吐玉綴金先獻奇。

雀舌含春不解語，只有曉露晨煙知。

帶露和煙摘歸去，蒸來細搗幾千杵。

捏作月團三百片，火候調勻文與武。

碾邊飛絮捲玉塵，磨下落珠散金縷。

首山黃銅鑄小鐺，活火新泉自烹煮。

〔註64〕白玉蟾（1194～？），即葛長庚，字如晦、紫清、白叟，道家內丹代表人物。

蟹眼已沒魚眼浮，颼颼松聲送風雨。

定州紅玉琢花瓷，瑞雪滿甌浮白乳。

綠雲入口生香風，滿口蘭芷香無窮。

兩腋颼颼毛竅通，洗盡枯腸萬事空。

君不見孟諫議送茶驚起盧仝睡，

又不見白居易饋茶喚醒馬錫醉。

陸羽作茶經，曹暉作茶銘。

文正范公對茶笑，紗帽籠頭煎石銚。

素虛見雨如丹砂，點作滿盞菖蒲花。

東坡深得煎水法，酒闌往往覓一呷。

趙州夢裏見南泉，愛結焚香瀹茗緣。

吾儕烹茶有滋味，華池神水先調試。

丹田一畝自栽培，金翁姹女採歸來。

天爐地鼎依時節，鍊作黃芽烹白雪。

味如甘露勝醍醐，服之頓覺沉痾蘇。

身輕便欲登天衢，不知天上有茶無。

──白玉蟾：《修真十書上清集》第 5 卷，總《修真十書》第 39 卷，
第 12～13 頁，《正統道藏》道部·洞真部方法類霜奈下，中華民
國 14 年（1923）上海涵芬樓印影版，第 128 冊·奈十，第十。

0544. 澹庵坐上觀顯上人分茶

〔宋〕楊萬里

分茶何似煎茶好，煎茶不似分茶巧。

蒸水老禪弄泉手，隆興元春新玉爪。

二者相遭兔甌面，怪怪奇奇真善幻。

紛如擘絮行太空，影落寒江能萬變。

銀瓶首下仍尻高，注湯作字勢嫖姚。

不須更師屋漏法，只問此瓶當響答。

紫薇仙人烏角巾，喚我起看清風生。

京塵滿神思一洗，病眼生花得再明。

漢鼎難調要公理，策勳茗碗非公事。

不如回施與寒儒，歸續茶經傳衲子。

——楊萬里：《誠齋集》第 2 卷，第 8 頁，《四庫全書》集部·別集類，
第 1160 冊，第 17～18 頁。

0545. 以六一泉煮雙井茶

〔宋〕楊萬里

鷹爪新茶蟹眼湯，松風鳴雪兔毫霜。

細參六一泉中味，故有涪翁句子香。

日鑄建溪當退舍，落霞秋水夢還鄉。

何時歸上滕王閣，自看風爐自煮嘗。

——楊萬里：《誠齋集》第 20 卷，第 8 頁，《四庫全書》集部·別集
類，第 1160 冊，第 216 頁。

0546. 謝木韞之舍人分送講筵賜茶

〔宋〕楊萬里

吳綾縫囊染菊水，蠻砂塗印題進字。

淳熙錫貢新水芽，天珍誤落黃茅地。

故人鷺渚紫薇郎，金華講徹花草香。

宣賜龍焙第一綱，殿上走趨明月璫。

御前啜罷三危露，滿袖香煙懷璧去。

歸來拈出兩蜿蜒，雷鳴晦冥驚破柱。

北苑龍芽內樣新，銅圍銀範鑄瓊塵。

九天寶月霏五雲，玉龍雙舞黃金鱗。

老夫平生愛煮茗，十年燒穿折腳鼎。

下山汲井得甘泠，上山摘芽得苦梗。

何曾夢到龍游窠，何曾夢吃龍芽茶。

故人分送玉川子，春風來自玉皇家。

鍛圭椎璧調冰水，烹龍炮鳳搜肝髓。

石花紫筍可衙官，赤印白泥牛走爾。

故人氣味茶樣清，故人丰骨茶樣明。

開緘不但似見面，叩之咳唾金石聲。

曲生勸人墮巾幘，睡魔遣我拋書冊。

老夫七碗病未能，一啜猶堪坐秋夕。

——楊萬里：《誠齋集》第 17 卷，第 3 頁，《四庫全書》集部·別集類，第 1160 冊，第 178 頁。

0547. 陳蹇叔郎中出閩漕別送新茶，李聖俞郎中出手分似

〔宋〕楊萬里

頭綱別樣建溪春，小璧蒼龍浪得名。

細瀉谷簾珠顆露，打成寒食杏花餳。

鷓斑碗面雲縈字，兔褐甌心雪作泓。

不待清風生兩腋，清風先向舌端生。

——楊萬里：《誠齋集》第 19 卷，第 8～9 頁，《四庫全書》集部·別集類，第 1160 冊，第 202～203 頁。

0548. 懷湘南舊遊寄起居劉學士

〔宋〕李建中

老情詩思關何處，渾是湘南水岸頭。

殘白晚雲歸嶽麓，濃香秋菊滿汀洲。

靜尋綠徑煎茶寺，遍上紅牆賣酒樓。

西洛分臺素拘檢，繡衣不得等閒遊。

——厲鶚：《宋詩紀事》第 3 卷，第 29 頁，《四庫全書》集部·詩文評類，第 1484 冊，第 117 頁。

0549. 贈老溪孚上人

〔宋〕蒲壽宬

玉潤雙盤略彴過，對人捫虱坐雞窠。

煮茶與客早歸去，落日前山路更多。

——蒲壽宬：《心泉學詩稿》第 6 卷，第 5 頁，《四庫全書》集部·別集類，第 1189 冊，第 868 頁。

0550. 崇福庵

〔宋〕韓淲

蓊鬱千山曲，周遊一徑斜。

老身多歲月，閒地少風沙。

度密來尤迥，憑高望更賒。

小庵含法界，不待野僧茶。

——韓淲：《澗泉集》第 7 卷，第 18 頁，《四庫全書》集部‧別集類，
第 1180 冊，第 664 頁。

0551. 留客煮餅因過山寺煎茶

〔宋〕韓淲

旋掃荒涼喜客來，胡床隨處坐徘徊。

野亭湯餅談方透，山寺茶香望轉開。

風近凜秋多落葉，雨收殘照少飛埃。

大都識賞非難事，莫被旁人富貴催。

——韓淲：《澗泉集》第 14 卷，第 24 頁，《四庫全書》集部‧別集類，
第 1180 冊，第 767 頁。

0552. 東乙翁上人

〔宋〕韓淲

草樹隨時長，城春雨易蒸。

閒人來入市，官舍卻逢僧。

覿面非竿木，何心是葛藤。

吃茶看洗鉢，忘卻老昏曾。

山玉冰溪地，常年衲子過。

杖挑明月重，笠戴白雲多。

洞遠今無鷺，湖高舊見鵝。

與君三歎息，佛法付天魔。

——韓淲：《澗泉集》第 8 卷，第 27～28 頁，《四庫全書》集部‧別集
類，第 1180 冊，第 679～680 頁。

0553. 方齋子潛留淪茗

〔宋〕韓淲

東吳南楚江湖外，城郭方齋尚得朋。

意象古人無索寞，譚鋒爾汝有憑陵。

花開簷蔔疑非俗，林擁旃檀祇欠僧。

梅雨未收吾欲醉，山橋歸路發鬔鬙。

蕙畝分青長復低，菊梅連綠密仍稀。

牆陰未午風聲急，窗外從朝雨力微。

坐待酒杯來蕭蕭，案翻書冊淨暉暉。

幾年來往徒多感，今是那知較昨非。

——韓淲：《澗泉集》第 14 卷，第 25 頁，《四庫全書》集部·別集類，
　　第 1180 冊，第 767 頁。

0554. 葉侍郎寄烏石茶昌甫詩謝之次韻同賦

〔宋〕韓淲

瓶茶遠自水心寄，緘詩又謝章泉分。

揀芽為贈信靈物，回味有功非世勳。

降伏睡魔庶永日，不居酒聖須乘雲。

何時幽討共仰止，烏石岡頭煮此云。

——韓淲：《澗泉集》第 14 卷，第 26 頁，《四庫全書》集部·別集類，
　　第 1180 冊，第 768 頁。

0555. 書逸人俞太中屋壁

〔宋〕魏野

羨君還似我，居處傍林泉。

洗硯魚吞墨，烹茶鶴避煙。

閒惟歌聖代，老不恨流年。

每到論詩外，慵多對榻眠。

——魏野：《東觀集》第 6 卷，第 1 頁，《四庫全書》集部·別集類，
　　第 1187 冊，第 376 頁。

0556. 和宗人用見寄

〔宋〕魏野

兀坐幾忘形，柴門夜不扃。

稔憐丞相雨，瑞愛老人星。

妻識琴材料，童諳鶴性靈。

遠山延頸望，疏竹枕肱聽。

祖業存圭寶，年支有茯苓。

閒身寄精舍，狂跡在旗亭。

養藥依丹訣，嘗茶驗水經。

何時得相見，靜話向松庭。

——魏野：《東觀集》第 6 卷，第 1～2 頁，《四庫全書》集部·別集
　　類，第 1187 冊，第 376～377 頁。

0557. 謝孫大諫惠茶

〔宋〕魏野

盧仝曾謝諫官茶，狂作長歌任過誇。

爭似君今相惠者，分從京口送村家。

——魏野：《東觀集》第 6 卷，第 3 頁，《四庫全書》集部·別集類，
　　第 1187 冊，第 377 頁。

0558. 和薛田察院詠雪三首

〔宋〕魏野

一

林間踏去宜沽酒，石上收來好煮茶。

除卻子猷當此景，高情偏憶戴逵家。

二

七字空吟六出花，與君無酒只烹茶。

門前俱絕行蹤跡，還似袁安臥在家。

三

密壓溪雲入戶斜，照開睡眼不須茶。

誰言落處無偏黨，牽率詩家壯酒家。

——魏野：《東觀集》第 6 卷，第 7 頁，《四庫全書》集部・別集類，
第 1187 冊，第 379 頁。

0559. 鶴引洗衣僧

〔宋〕林希逸

獨卷袈裟去，禪房半掩扉。

僧行隨鶴影，鶴引洗僧衣。

振翼尋仙路，牽裳上釣磯。

老緇輕濯濯，白鳥亦依依。

浣滌元無垢，叮嚀莫浪飛。

茶煙休更避，相伴月中歸。

——林希逸：《竹溪鬳齋十一稿續集》第 17 卷，第 15 頁，《四庫全書》
集部・別集類，第 1185 冊，第 725 頁。

0560. 隔竹敲茶 〔註65〕

〔宋〕林希逸

興入盧仝碗，龍團旋解包。

忽聞茶窗響，正隔竹窗敲。

活水烹新茗，香風度綠梢。

聽知童落杵，驚起鵲離巢。

香比雲英搗，清無水厄嘲。

林深留客處，未羨巳公茅。

——林希逸：《竹溪鬳齋十一稿續集》第 18 卷，第 15 頁，《四庫全書》
集部・別集類，第 1185 冊，第 738 頁。

〔註65〕此題據《四庫全書》實錄，其餘多處均見「隔竹敲茶白」之名。

0561. 烹茶鶴避煙

〔宋〕林希逸

隔竹敲茶臼，禪房汲井烹。

山僧吹火急，野鶴避煙行。

入鼎龍團碎，當窗蚓竅鳴。

紫雲飛不斷，白鳥去邊明。

雲舍飄猶濕，風巢遠更驚。

通靈數碗後，騎汝訪蓬瀛。

——林希逸：《竹溪鬳齋十一稿續集》第 18 卷，第 17 頁，《四庫全書》集部·別集類，第 1185 冊，第 739 頁。

0562. 題慈德寺頤堂為長老宗顯作

〔宋〕鄒浩

龍隱岩前忽轉頭，翛然瓶錫此淹留。

十方法界元無限，一片心田自有秋。

草木曲躬歸白足，江山依位拱青眸。

我來不問西來意，獨喜茶香啜滿甌。

——鄒浩：《道鄉集》第 12 卷，第 13～14 頁，《四庫全書》集部·別集類，第 1141 冊，第 270～271 頁。

0563. 遊青原

〔宋〕文天祥

一

鐘魚閒日月，竹樹老風煙。

一徑溪聲滿，四山天影圓。

無言都是趣，有想便成緣。

夢破啼猿雨，開元六百年。

二

空庭橫蟫蛛，斷碣偃龍蛇。

活火參禪筍，真泉透佛茶。

晚鐘何處雨，春水滿城花。

夜影燈前客，江西七祖家。

  ——文天祥：《文山集》第 1 卷，第 25 頁，《四庫全書》集部·別集
   類，第 1184 冊，第 374 頁。

0564. 遊惠山二首

〔宋〕蔣之奇

一

釋子幽居遠俗氛，停橈登覽日將曛。

湖光已歎千年變，山勢猶驚九隴分。

二

迸溜泠噴雙沼雪，煮茶香透一甌雲。

偶因流落尋佳致，何意聲名世外聞。

  佚名：《無錫縣志》第 4 卷，第 22 頁，《四庫全書》史部·地理
   類，第 492 冊，第 737 頁。

0565. 雨坐遣心

〔宋〕李彭

孟夏始三氣，暑還自何鄉。

稍稍切肌骨，病著徑臥床。

雲從甌峰來，將雨送微涼。

容與過朝市，殷勤灑林塘。

幽窗多僧氣，頗帶山茶香。

縹思隨歸雲，冉冉列禪房。

此物方料理，陰崖容伏藏。

火老恐愈濁，薰煮猶未央。

會當箋山靈，時來呵不祥。

  ——李彭：《日涉園集》第 4 卷，第 11 頁，《四庫全書》集部·別集
   類，第 1122 冊，第 652 頁。

0566. 同吳周朋高虞卿尋泉憩積暑下庵

〔宋〕王洋

繚繞尋泉遠步遲，倦逢籬外敞庵扉。

門前竹長雲垂舞，岩下泉甘雪未飛。

景物偏幽緣舍小，茶香看客為僧稀。

相公房舍添人否，擬灌春園住翠微。

——王洋：《東牟集》第 4 卷，第 8 頁，《四庫全書》集部·別集類，
第 1132 冊，第 355 頁。

0567. 陪方何諸人後庵謝客紀事

〔宋〕王洋

後山客館報聘禮，野寺僧甌當酒茶。

雲未散屯知候雨，溪唯貪漲不容沙。

草間翁仲今塵跡，雪後江梅是故花。

一掃窮愁無不足，方知謀醉是生涯。

——王洋：《東牟集》第 4 卷，第 8 頁，《四庫全書》集部·別集類，
第 1132 冊，第 355 頁。

0568. 閒遊

〔宋〕陸游

江邊小市舊經過，歲月真如東逝波。

茶灶酒壚多識面，少留賣藥買漁蓑。

——陸游：《劍南詩稿》第 63 卷，第 20 頁，《四庫全書》集部·別集
類，第 1163 冊，第 45 頁。

0569. 雪後煎茶

〔宋〕陸游

雪液清甘漲井泉，自攜茶灶就烹煎。

一毫無復關心事，不枉人間住百年。

——陸游：《劍南詩稿》第 80 卷，第 15～16 頁，《四庫全書》集部·
別集類，第 1163 冊，第 246～247 頁。

0570. **出遊**

〔宋〕陸游

行路迢迢入谷斜，繫驢來憩野人家。

山童負擔賣紅果，村女緣籬採碧花。

簹火就炊朝甑飯，汲泉自煮午甌茶。

閒遊本自無程數，邂逅何妨一笑嘩。

——陸游：《劍南詩稿》第 68 卷，第 4 頁，《四庫全書》集部‧別集
類，第 1163 冊，第 99 頁。

0571. **雪歌**

〔宋〕陸游

黑雲黯黯如翻鴉，急霰颯颯疑投沙。

初聞萬竅號地籟，已見六出飛天花。

寧論異事吠群犬，且喜和氣連千家。

穿簾投隙矜嫵媚，平坑塞谷迷谽谺。

遙遙林塔出玉筍，渺渺江路蟠修蛇。

扣門方擬貰鄰酒，簹火更欲尋僧茶。

懸知朝士集闕角，靴聲入賀趨正衙。

吾衰久矣尚何說，所幸一稔均幽遐。

——陸游：《劍南詩稿》第 35 卷，第 12 頁，《四庫全書》集部‧別集
類，第 1162 冊，第 547 頁。

0572. **臨安春雨初霽**

〔宋〕陸游

世味年來薄似紗，誰令騎馬客京華？

小樓一夜聽春雨，深巷明朝賣杏花。

矮紙斜行閒作草，晴窗細乳戲分茶。〔註66〕

〔註66〕「分茶」，一般指給客人上茶。而此處明確說是「戲分茶」，是一種宋代特有
的點茶遊戲。

素衣莫起風塵歎，猶及清明可到家。

——陸游：《劍南詩稿》第 17 卷，第 25 頁，《四庫全書》集部·別集
類，第 1162 冊，第 304 頁。

0573. 次銛樸翁韻〔註67〕

〔宋〕陳造

斐酬貴宦鮫綃帳，贔屓功名泊浪沙。

誰似樸翁隨分過，曹溪水煮趙州茶。

——陳造：《江湖長翁集》第 20 卷，第 28～29 頁，《四庫全書》集部·
別集類，第 1166 冊，第 257～258 頁。

0574. 題靈峰三絕

〔宋〕王十朋

一

家在梅溪水竹間，穿雲蠟屐可曾閒。

雁山新入春遊眼，卻笑平生未見山。

二

洞中大士半千身，住世端能了世因。

應笑玉簫峰下客，馬蹄長踐利名塵。

三

三宿靈峰不為禪，茶甌隨分結僧緣。

明朝杖屨丹丘去，帶得煙霞過海船。

——王十朋：《梅溪集·前集》第 3 卷，第 10 頁，《四庫全書》集部·
別集類，第 1151 冊，第 131 頁。

0575. 夔州竹枝歌〔註68〕

〔宋〕范成大

白頭老媼簪紅花，黑頭女娘三髻丫。

〔註67〕《次銛樸翁韻》共四首，此錄其三。
〔註68〕此為《夔州竹枝歌》之第五首。

背上兒眠上山去，採桑已閒當採茶。

——范成大：《石湖詩集》第 16 卷，第 13 頁，《四庫全書》集部·別
集類，第 1159 冊，第 715 頁。

0576. 茶聲

〔宋〕李南金

砌蟲唧唧萬蟬催，忽有千車捆載來。

聽得松風並澗水，急呼縹色綠瓷杯。

——厲鶚：《宋詩紀事》第 51 卷，第 28 頁，《四庫全書》集部·詩文
評類，第 1485 冊，第 112 頁。

0577. 詠茶

〔宋〕王重陽

昔時曾見趙州來，今日盧全七椀猜。

烹罷還知何處去，清風送我到蓬萊。

——王嚞：《重陽全真集》第 10 卷，第 16 頁，《正統道藏》道部·太
平部·枝下，中華民國 14 年 2 月上海涵芬樓印影版，第 794 冊，
枝十，第十四。

0578. 勸眾修持〔註 69〕

〔宋〕譚處端

採得波羅蕊，製成般若茶。

湯澆清淨水，啜罷見黃芽。

——譚處端：《水雲集》卷上，第 14 頁，《正統道藏》道部·太平部·
枝下，中華民國 14 年 2 月上海涵芬樓印影版，第 798 冊，友七，
第十四。

〔註 69〕《勸眾修持》共七首，此為第五。

0579. 訪踞湖仇山人隱居

〔宋〕馬雲

雞犬眠雲白日空，暮春花木滿川紅。

茶甌香沸松林火，藥杵聲清石澗風。

玉帛未聞招隱士，神仙今喜識臺翁。

夕陽半局殘棋在，醉倚岩邊紫桂叢。

——厲鶚：《宋詩紀事》第 19 卷，第 19 頁，《四庫全書》集部·詩文評類，第 1484 冊，第 389 頁。

0580. 茶山數首〔註70〕

〔宋〕曾幾

一、次雪峰空老韻二首

（一）

雪峰僧中龍，此道誰與共？

蕭然兩伽陀，不舉似大眾。

獨貽茶山老，以當蒲塞供。

岩花與澗草，信手拈來用。

（二）

獨烹茶山茶，未對雪峰雪。

須知千里間，只共一明月。

陳家參玄人，道眼應一瞥。

為語管城君，相從熾然說。

——曾幾：《茶山集》第 1 卷，第 5～6 頁，《四庫全書》集部·別集類，第 1136 冊，第 478 頁。

二、方時敏作寄茶詩，允迪趙承之爭論鋒起，有以詩棋取決之意，二者僕皆不能，姑次韻

叢林一轉語，矛盾生諸方。

不知維摩詰，眾論付括囊。

〔註70〕曾幾有《茶山集》傳世，此為其詩數首。

君家富月團，入眼驚未嘗。
勸君勿浪出，中有雙龍藏。
一朝不自秘，詞鋒起堂皇。
詩棋競攻取，信美非吾鄉。
吾鄉亦何有，黍麥紛低昂。
作詩天所戒，但欲身稍昌。
奕棋正如詩，坐看星垂芒。
怪君真不廉，顧我俱無長。
天寒袖手垂，未厭舌本強。
懸知決戰時，兩陣爭堂堂。
詩壇與棋兵，傷殺亦大當。
歸去竟何得，驚雷轉空腸。

——《茶山集》第 2 卷，第 5 頁。

三、即事

朝隨粥魚作，夕與棲鳥眠。
中間復何事？野飯炊山田。
摩腹步修廡，披襟坐南軒。
薰爐郁佳氣，茶鼎浮輕煙。
閒開竹窗帙，靜憩蒲團禪。
庶幾永白日，亦用銷殘年。

——《茶山集》第 2 卷，第 5 頁。

四、東軒小室即事五首

（一）

卷書坐東軒，有竹甚魁偉。
清風過其間，戛戛鳴不已。
寫之以素琴，音節淡如水。
不惜為人彈，臨流須洗耳。

（二）

鼠跡印塵幾，蝸涎篆書帷。

兒童勿除去，佳處正在茲。
人言有何好，此段真成癡。
俗子徒敗意，幽懷定誰知。
（三）
去聖未云遠，故在黃卷中。
孰能領其要，直用一理通。
森羅廢興事，瑩若磨青銅。
使我見萬古，敬謝典午公。
（四）
烹茗破睡境，炷香玩詩編。
問詩誰所作，其人久沈泉。
工部百世祖，涪翁一燈傳。
閒無用心處，參此如參禪。
（五）
有客過丈室，呼兒具爐薰。
清談似微馥，妙處渠應聞。
沈水已成燼，博山尚停雲。
斯須客辭去，趺坐對餘芬。
——《茶山集》第 2 卷，第 6 頁。

五、盛夏東軒偶成五首
（一）
一堂既虛閒，一室可息偃。
松篁度風清，窗戶去日遠。
幽禪過亭午，涼氣生薄晚。
閫內即妻孥，更深遂忘返。
（二）
攜簟入深竹，脫巾掛低枝。
無令兒輩覺，更恐俗客知。
清風何故來，口詠淵明詩。
涼冷似太過，還從徑中歸。

（三）

松風夏逾清，竹日午更淨。

蕭然松竹間，得此林壑性。

異哉今日暑，無復有晨暝。

疲薾安所逃，茅齋入僧定。

（四）

因病不舉酒，況當朱明天。

客至但茗碗，談詩復談禪。

甘寒百尺井，舊日陸子泉。

安得僧舍雪，霏微濕茶煙。

（五）

澗蒲上九節，不受塵土姿。

清泉自澡潔，白石相因依。

種蕉水中央，佳處略似之。

誰能後雕賞，惟有歲寒知。

——《茶山集》第 2 卷，第 6 頁。

六、松風亭四首

（一）

長卿壁四立，杜老茅三重。

茶山窮次骨，憩寂以長松。

直幹以棟宇，清陰自帡幪。

山泉落高處，審聽是松風。

（二）

客至引幽步，步及松風亭。

問亭何當作，笑視何足聽。

俗論哄蛙黽，市聲殷雷霆。

時來一洗耳，兩眼為君青。

（三）

有客過茅宇，煮茶坐松風。

問亭果安在，笑指十八公。

君看梁與棟，豈不深且雄。
何必用斤斧，然後成帡幪。
（四）
迴環數株松，老幹極落落。
清風一披拂，竽籟自然作。
喧囂世俗事，祇使人意惡。
誰能洗耳來，相與憩寂寞。
——《茶山集》第 2 卷，第 7 頁。

七、清樾軒

開軒在獨園，繞屋得清樾。
不知何年樹，殆為今日設。
窗扉落林影，時復亂風月。
喧聲了不聞，幽哢極可悅。
玉溪僧所廬，無似許明潔。
頗疑三昧手，斷取從二浙。
禪房花木深，此語信佳絕。
何以落其成，爐薰薦茗雪。
——《茶山集》第 2 卷，第 8 頁。

八、山房

竹樹轉深徑，茶山給孤園。
禪流打包去，舊日單僚存。
堂堂十八公，不知幾寒溫。
其誰晤對汝，冷落依頹垣。
有客占作室，此公正當軒。
風聲落天半，似與幽人言。
已矣復焉往，佳哉略無喧。
在昔公擇父，實惟謫仙孫。
讀書廬山中，仰視五老尊。
頭白不歸來，高議排金門。

吾敢效前輩，分應守丘樊。

何憂蕙帳缺，悵望鶴與猿。

——《茶山集》第 2 卷，第 8 頁。

九、香寂圃

陂陀茶山西，草樹無空空。

呼兒鋤其荒，花木亂栽種。

葩華以時折，蘅澤得風送。

真成摩詰病，幻出天女供。

遊人等蜂蝶，晴日競喧哄。

靈堅不自持，玉隴紛一哄。

誰知根塵間，境界極空洞。

誠能返其流，當見寂不動。

花飛已無蹤，香過忽如夢。

於焉自聞聞，爾乃得大用。

——《茶山集》第 2 卷，第 8 頁。

十、次鄭侍郎臥聞秋風韻

茶山石燥泉亦枯，草樹疊疊成樵蘇。

天公風雷起揮袂，咳唾急雨紛跳珠。

我詩曾未管窺豹，況有文采如於菟。

勤公見索掃地無，公自瑤碧瑳華琚。

——《茶山集》第 3 卷，第 2 頁。

十一、代書抵筠守譚崧老求茶筍

問訊江南美，人推道院州。

雨前收雀舌，雪底薦貓頭。

有客同僧過，頻年遣僕求。

故交今五馬，解送老龐不。

——《茶山集》第 4 卷，第 13 頁。

十二、寓廣教僧寺

似病元非病,求閒方得閒。
殘僧六七輩,敗屋兩三間。
野外無供給,城中斷往還。
同參木上座,與汝住茶山。

——《茶山集》第 4 卷,第 15 頁。

十三、呂郎治先以職事至常山縣,不敢越境,以書致兩郡酒日鑄茶

子到常山縣,饒陽有敝廬。
相望百里地,空得數行書。
睡思茶料理,愁懷酒破除。
新秋即在眼,過我定何如。

——《茶山集》第 4 卷,第 17 頁。

十四、迪姪屢餉新茶二首

(一)
吾家今小阮,有使附書頻。
喚起南柯夢,持來北苑春。
顧余多下駟,況復似陳人。
不是能分少,其誰遣食新。

(二)
敕廚羞煮餅,掃地供爐芬。
湯鼎聊從事,茶甌遂策勳。
興來吾不淺,送似汝良勤。
欲作柯山點,當令阿造分。

——《茶山集》第 4 卷,第 18 頁。

十五、造姪寄建茶

汝已去閩嶺,茶酒猶粲然。
買應從聚處,寄不下常年。
洗滌盧仝碗,提攜陸羽泉。

無人分得好，更憶仲容賢。

——《茶山集》第 4 卷，第 18 頁。

十六、述侄餉日鑄茶

寶胯自不乏，山芽安可無。

子能來日鑄，吾得具風爐。

夏木囀黃鳥，僧窗行白駒。

談多轉生睡，此味正時須。

——《茶山集》第 4 卷，第 18 頁。

十七、曾同季餉建溪顧渚新茶

雨潤梅黃後，風薰麥秀初。

不持新茗碗，空枉故人書。

顧渚瓊糜似，閩溪玉食餘。

吾宗重盟好，並以遺閒居。

——《茶山集》第 4 卷，第 18 頁。

十八、尹少稷寄顧渚茶

駸駸要路津，舊日水南人。

尚記茶山老，能分顧渚春。

江淮勞廟算，河路暗胡塵。

憂國惟生睡，降魔固有神。

——《茶山集》第 4 卷，第 18 頁。

十九、嘗建茗二首

（一）

破除湯餅睡，倚賴建溪春。

往日惟求舊，今朝遽食新。

不辭濃似粥，少待細於塵。

寶胯無多子，留須我輩人。

（二）

茅宇已初夏，茶甌方早春。

真成湯沃雪，無復渴生塵。

有客嘲三韭，其誰送八珍。

不如藏去好，孤負一年新。

——《茶山集》第 4 卷，第 19 頁。

二十、煎茶

貧中有佳設，石鼎事煎烹。

顧渚草芽白，惠山泉水清。

酌多風可禦，薰歇霧猶橫。

飲罷妻孥笑，枯腸百轉鳴。

——《茶山集》第 4 卷，第 19 頁。

二十一、張子公招飯靈感院

竹輿響肩艫啞嘔，芙蕖城曉六月秋。

露華猶泫草光合，晨氣欲動荷香浮。

給孤獨園賴君到，伊蒲塞供為我羞。

僧窗各自占山色，處處薰爐茶一甌。

——《茶山集》第 5 卷，第 9 頁。

二十二、空公長老一出即住雪峰，書來以建茗為寄，長句奉呈空公，時以筆硯作佛事也

此公出世使人驚，道眼看來卻未曾。

政爾雪峰千百眾，澹然雲水一孤僧。

不妨詩筆作佛事，已用茗甌傳祖燈。

我老尚堪行腳在，因風為寄古崖藤。

——《茶山集》第 5 卷，第 11 頁。

二十三、逮子得龍團勝雪茶兩胯以歸予，其直萬錢云

移人尤物眾談誇，持以趨庭意可嘉。

鮭菜自無三九種，龍團空取十千茶。

烹嘗便恐成災怪，把玩那能定等差。

賴有前賢小團例，一囊深貯只傳家。

——《茶山集》第 5 卷，第 18 頁。

二十四、寓教寺東軒

誰將老境覓菟裘，聊與瞿曇共一丘。
青士無多自蕭散，紫君雖小亦風流。
要須憩寂有茅宇，何以落成惟茗甌。
穩看林間上番筍，惜無餘地可通幽。

——《茶山集》第 6 卷，第 6 頁。

二十五、吳傅朋送惠山泉兩瓶並所書石刻

錫谷寒泉雙玉瓶，故人捐惠意非輕。
疾風驟雨湯聲作，淡月疏星茗事成。
新歲頭綱須擊拂，舊時水遞費經營。
銀鉤蠆尾增奇麗，並得晴窗兩眼明。

——《茶山集》第 6 卷，第 11 頁。

二十六、李相公餉建溪新茗奉寄

一書說盡故人情，閩嶺春風入戶庭。
碾處曾看眉上白，分時為見眼中青。
飯羹正晝成空洞，枕簟通宵失杳冥。
無奈筆端塵俗在，更呼活火發銅瓶。

——《茶山集》第 6 卷，第 11 頁。

二十七、張耆年教授置酒官舍，環碧散步上園，煎桃花茶

何許清尊對物華，廣文官舍似僧家。
向人只合供談笑，領客猶能辦咄嗟。
光動杯盤環碧水，香隨珠履上園花。
公如不厭過從數，但煮東坡所種茶。

——《茶山集》第 6 卷，第 12 頁。

二十八、郡中禁私釀嚴甚戲作

結交歡伯無他腸，小槽竊比顧建康。

此身忽墮禁酒國，何路得到無功鄉。

官酤快甚夏酌水，齋釀愜於冬飲湯。

——《茶山集》第 6 卷，第 12 頁。

二十九、廿一兄以手和四清香見餉，用心清聞妙香為韻成五小詩

微雨久逾潤，禪房低復深。

下帷香一縷，收盡向來心。

花覆春風殿，爐薰上紫清。

舊時香案吏，趺坐對煙明。

不屬蔚宗傳，又非知見薰。

從來香一瓣，只許自聞聞。

擬去竹塢間，煎茶炷新料。

從容二士談，領會一語妙。

老柏參深水，封題遠寄將。

發奩知長者，閉合自調香。

——《茶山集》第 7 卷，第 7 頁。

三十、黃嗣深尚書自仰山來惠茶及竹薰爐

茗椀中超舌界，薰爐上悟香塵。

坐我集雲峰頂，對公小釋迦身。

——《茶山集》第 7 卷，第 8 頁。

三十一、曾宏甫餉溪山堂南坡胯新茶

溪山寶胯能分我，不但禪房破睡魔。

便覺胸中有丘壑，免教辛苦上南坡。

——《茶山集》第 8 卷，第 5 頁。

三十二、衢僧送新茶

齋腸得飽又逐去，午夢欲成還喚回。

定是僧家不堪此，滿奩青箬送春來。

——《茶山集》第 8 卷，第 5 頁。

三十三、紹興帥相公遺小春新茶，且折簡雲對瑞香啜之大勝暖帳中飲羔兒酒也，小詩兩絕以謝

打門將軍得人驚，十月茶牙照眼明。

漏泄春光凌雪色，柳條萱草太遲生。

酒壓羔兒雪煮茶，紅羅斗帳錦籠花。

中書堂上權衡手，小物勤公定等差。

——《茶山集》第 8 卷，第 5～6 頁。

三十四、啜建溪新茗李文授有二絕句次韻

北焙今年但取陳，草芽過了二分春。

為君湔洗丁坑後，寶胯雲團一樣新。

鑿源今日為君傾，可當杯盤瀉濁清。

未到舌根先一笑，風爐石鼎雨來聲。

——《茶山集》第 8 卷，第 6 頁。

0581. 謝崇上人惠新茶

〔宋〕曹勳

春入閩溪草木香，靈芽一夕一絲長。

上人自是春風手，分與閒人齒頰芳。

——曹勳：《松隱集》第 20 卷，第 11 頁，《四庫全書》集部·別集類，
　　　第 1129 冊，第 447 頁。

0582. 茗地源 〔註71〕

〔宋〕陳岩

暖風吹長紫芽莖，人向山頭就水烹。

陸羽倘曾經此地，谷簾安得擅佳名。

——陳岩：《九華詩集》第 1 卷，第 3 頁，《四庫全書》集部·別集類，
　　　第 1189 冊，第 691 頁。

〔註71〕原注：晏坐岩北溪上，產茗味殊佳。

0583. 上下華池〔註72〕

〔宋〕陳岩

聽鍾吃飯東西寺，就水烹茶上下池。

二百年來陳跡在，摩挲苔蘚日西時。

——陳岩：《九華詩集》第 1 卷，第 16 頁，《四庫全書》集部·別集
類，第 1189 冊，第 697 頁。

0584. 煎茶峰〔註73〕

〔宋〕陳岩

一、煎茶峰〔註74〕

春山細摘紫英芽，碧玉甌中散乳花。

六尺禪床支瘦骨，心安不惱睡中蛇。

——陳岩：《九華詩集》第 1 卷，第 23 頁。《四庫全書》集部·別集
類，第 1189 冊，第 701 頁。

二、煎茶峰〔註75〕

緩火烘來活水煎，山頭卓錫取清泉，

品茶懶檢茶經看，舌本無非有味禪。

——陳岩：《九華詩集》第 1 卷，第 38 頁，《四庫全書》集部·別集
類，第 1189 冊，第 708 頁。

0585. 金地茶〔註76〕

〔宋〕陳岩

瘦莖尖葉帶餘馨，細嚼能令困自醒。

〔註72〕原注：雙峰下曰下華池，雙溪茗上曰上華池，泉甘土肥產異。

〔註73〕共二首。《九華山志》卷二亦錄此詩，且詩有序云：「峰有二：一在香林峰北，
一在廣福院東。以峰形似人，傍有石如爐，故云。或云：金地藏入山時，行
渴，煮泉而飲。則當在香林者是。」見杜潔祥主編《中國佛寺史志彙刊》第
二輯第 22 冊。

〔註74〕原注：廣化寺，鐘樓其上。

〔註75〕原注：昔金地藏招道侶於峰前，汲泉烹茗。

〔註76〕原注：出九華山，相傳金者地藏自西域攜至。

一段山間奇絕事，會須添入品茶經。

——陳岩：《九華詩集》第 1 卷，第 43 頁，《四庫全書》集部・別集
　　類，第 1189 冊，第 711 頁。

0586. 元友山南山新居

〔宋〕仇遠

桃柳參差出短牆，小樓突兀瞰湖光。
出門便與青山對，讀易能消白日長。
硯石洗來如玉潤，藥苗曬得似茶香。
鄰僧亦有通文者，嘗把詩來惱漫郎。

——仇遠：《山村遺集》第 1 卷，第 10 頁，《四庫全書》集部・別集
　　類，第 1198 冊，第 71 頁。

0587. 雜詩〔註77〕

〔金〕李純甫

空譯流沙語，難參少室禪。
泥牛耕海底，玉犬吠雲邊。
仰嶠圓茶夢，曹山放酒顛。
書生眼如月，休被衲僧穿。

——元好問編：《中州集》第 4 卷，第 71 頁，《四庫全書》集部・總集
　　類，第 1165 冊，第 347 頁。

0588. 偶成

〔金〕吳激

一

一番瘦筍羽林槍，松架陰陰盡日涼。
繞屋雲煙無定態，連山草木有真香。

〔註77〕《雜詩》有六首，此為第四。

二

蟹湯兔盞鬥旗槍，風雨山中枕簟涼。

學道窮年何所得，只工埽地與焚香。

——元好問編：《中州集》第 1 卷，第 14～15 頁，《四庫全書》集部·
總集類，第 1165 冊，第 10～11 頁。

0589. 夏直

〔金〕趙秉文

玉堂睡起苦思茶，別院銅輪碾露芽。

紅日轉階簾影薄，一雙蝴蝶上葵花。

——趙秉文：《滏水集》第 8 卷，第 11 頁，《四庫全書》集部·別集
類，第 1190 冊，第 169 頁。

0590. 新樣團茶

〔金〕李俊民

春風傾倒在靈芽，才到江南百草花。

未試人間小團月，異香先入玉川家。

——李俊民：《莊靖集》第 4 卷，第 2 頁，《四庫全書》集部·別集類，
第 1190 冊，第 570 頁。

0591. 茗飲

〔金〕元好問

宿醒來破厭觥船，紫筍分封入曉前。

槐火石泉寒食後，鬢絲禪榻落花前。

一甌春露香能永，萬里清風意已便。

邂逅化胥猶可到，蓬萊未擬問群仙。

——郭元釪編：《御訂全金詩增補中州集》第 70 卷，第 19 頁，《四庫
全書》集部·總集類，第 1145 冊，第 947 頁。

0592. **台山雜詠**〔註78〕

〔金〕元好問

石罅飛泉〔註79〕冰齒牙，一杯龍焙雪生花。

車塵馬足長橋水，汲得中泠未要誇。

——元好問：《遺山集》第 14 卷，第 14 頁，《四庫全書》集部・別集類，第 1191 冊，第 167 頁。

0593. **煮茶**

〔元〕同恕

一甌春雪浪花深，慣戲龍髯聽午吟。

慾火不攻今夕夢，十分助我歲寒心。

——同恕：《榘庵集》第 15 卷，第 8 頁，《欽定四庫全書》集部・別集類，第 1206 冊，第 800 頁。

0594. **石鼎茶聲**

〔元〕葉顒

青山茅屋白雲中，汲水煎茶火正紅。

十載不聞坐世事，飽聽石鼎煮松風。

——葉顒：《樵雲獨唱》第 4 卷，第 20 頁，《四庫全書》集部・別集類，第 1219 冊，第 91 頁。

0595. **煮土茶歌**

〔元〕洪希文〔註80〕

論茶自古稱壑源，品水無出中泠泉。

莆中苦茶出土產，鄉味自汲井水煎。

器新火活清味永，且從平地休登仙。

〔註78〕《台山雜詠》共十六首，此為第十三。「台山」即「五臺山」。
〔註79〕飛泉：據《曲洧舊聞》云：「清涼山清涼寺，文殊示現之地也，去寺一里餘，有泉號一缽，泉一缽許，汲之不竭，或久不汲，雖盈而不溢。」
〔註80〕洪希文（1282～1366 年），字汝質，號去華山人，莆田人，有《續軒渠集》十卷、《四庫總目》行於世。

王侯第宅斗絕品，揣分不到山翁前。

臨風一啜心自省，此意莫與他人傳。

——洪希文：《續軒渠集》第 3 卷，第 6 頁，《四庫全書》集部·別集類，第 1205 冊，第 85 頁。

0596. 竹枝詞〔註81〕

〔元〕王士熙

山上去採芍藥花，山前來尋地椒芽。

土屋青簾留買酒，石泉老衲喚供茶。

——顧嗣立：《元詩選》第 2 集第 11 卷，第 74 頁，《四庫全書》集部·總集類第 1470 冊，第 344 頁。

0597. 龍門茶屋圖

〔元〕倪瓚

龍門秋月影，茶屋白雲泉。

不與世人賞，瑤草自年年。

上有天池水，松風舞淪漣。

何當躡飛鳧，去採池中蓮。

——倪瓚：《清閟閣全集》第 2 卷，第 7 頁，《欽定四庫全書》集部·別集類，第 1220 冊，第 169 頁。

0598. 次曹都水韻

〔元〕倪瓚

水品茶經手自箋，夜燒綠竹煮山泉。

莫留樵客看棋局，持斧歸來幾歲年。

蕭閒館裏挑燈宿，山闋重敷六尺床。

隱几蕭條聽夜雨，竹林煙幕煮茶香。

——倪瓚：《清閟閣全集》第 7 卷，第 5～6 頁，《四庫全書》集部·別集類，第 1220 冊，第 252 頁。

〔註81〕《竹枝詞》共十首，此為第六。

0599. 題蔡端明蘇東坡墨蹟後

〔元〕虞集〔註82〕

「天際烏雲含雨重，樓前紅日照山明。嵩陽道士今何在？青眼看人萬里情。」此蔡君謨夢中詩也。僕在錢塘，一日謁陳述古，邀余飲堂前小閣中，壁上小書一絕，君謨真蹟也。「綽約新嬌生眼底，侵尋舊事上眉尖。問君別後愁多少？得似春潮夜夜添。」又有人和云：「長垂玉箸殘妝臉，肯為金釵露指尖。萬斛閒愁何日盡？一分真態為誰添。」二詩皆可觀，後詩不知誰作也。杭州營籍周韶多蓄奇茗，嘗與君謨鬥勝。韶又知作詩，子容過杭，述古飲之，韶泣求落籍。子容曰：「可作一絕。」韶援筆立成，曰：「隴上巢空歲月驚，忍看回首自梳翎。開籠若放雪衣女，長念觀音般若經。」韶時有服衣白，一坐嗟歎，遂落籍。同輩皆有詩送之，二人最善。胡楚云：「淡妝輕素鶴翎紅，移入朱闌便不同。應笑西園舊桃李，強勻顏色待春風。」龍靚云：「桃花流水本無塵，一落人間幾度春。解佩暫酬交甫意，濯纓還見武陵人。」固知杭人多慧也。

一

祇今誰是錢塘守，頗解湖中宿畫船。
曉起鬥茶龍井上，花開陌上載嬋娟。

二

老卻眉山長帽翁，茶煙輕颺鬢絲風。
錦囊舊賜龍團在，誰為分泉落月中。

——虞集：《道園學古錄》第 4 卷，第 16～18 頁，《四庫全書》集部·別集類，第 1207 冊，第 57～58 頁。

0600. 白雲詩

〔元〕薩都剌

一、贈白雲

白雲抑何閒，竟日不下山。
時從脩竹裏，相伴一僧還。
悠悠覆松頂，渺渺歸岫間。
奔走塵俗客，視君多厚顏。

〔註82〕虞集（1272～1348），字伯生，號道園，四川眉山人。

二、白雲答

使君抑何忙，寧不思故山。

範茫天壤間，鳥倦猶知還。

石田紫芝老，茶灶碧蘚斑。

胡不賦歸來，分子屋半間。

——薩都拉：《雁門集》第 1 卷，第 9 頁，《欽定四庫全書》集部．別
　　集類，第 1212 冊，第 571 頁。

0601. 元統乙亥，余除閩憲知事，未行，立春十日，參政許可用惠茶，寄詩以謝

〔元〕薩都剌 〔註83〕

春到人間才十日，東風先過玉川家。

紫薇書寄斜封印，黃閣香分上賜茶。

秋露有聲浮薤葉，夜窗無夢到梅花。

清風兩腋歸何處，直上三山看海霞。

——薩都拉：《雁門集》第 2 卷，第 27 頁，《欽定四庫全書》集部．別
　　集類，第 1212 冊，第 610 頁。

0602. 土銼茶煙

〔元〕李謙亨

熒熒石火新，湛湛山泉冽。

汲水煮春芽，清煙半如滅。

香浮石鼎花，淡鎖松窗月。

隨風自悠揚，縹緲林梢雪。

——陳夢雷：《欽定古今圖書集成．經濟彙編．食貨典》第 295 卷，
　　茶部藝文四．詩詞，中華書局影印版，1934 年，第 699 冊，第
　　40 葉。

〔註83〕《四庫全書》集部．別集類第 1214 冊所收盧琦《圭峰集》第 1 卷也錄有此
　　詩，不過目前學界多認為此詩作者為薩都剌，而盧作為「偽錄」。此處也認為
　　此詩作者乃薩都剌。

0603. 茶灶石

〔元〕蔡廷秀

仙人應愛武夷茶，旋汲新泉煮嫩芽。

啜罷驂鸞歸洞府，空餘石灶鎖煙霞。

——張豫章：《御選宋金元明四朝詩·御選元詩》第 75 卷，第 36 頁，
《四庫全書》集部·總集類，第 1141 冊，第 675 頁。

0604. 送哲古心往吳江報恩寺

〔元〕張憲

蘭若壓江橋，長廊晝寂寥。

鳥啼春後樹，龍定起中潮。

花雨隨風散，茶煙隔竹消。

客程他日路，清話借通宵。

——曹學佺·《石倉歷代詩選》第 271 卷，第 23 頁，《四庫全書》集
部·總集類，第 1390 冊，第 471 頁。

0605. 玉山草堂

〔元〕周砥

憶汝草堂何許在，闔閭園裏玉山陞。

方床石鼎高情邈，細雨茶煙清晝遲。

鴻鴈來時曾會面，枇杷開後更題詩。

山中容易年華暮，書史娛人總不知。

——顧嗣立：《元詩選》第 3 集第 13 卷，第 32 頁，《四庫全書》集部·
總集類，第 1471 冊，第 552 頁。

0606. 嘗雲芝茶

〔元〕劉秉忠

鐵色皴皮帶老霜，含英咀美入詩腸。

舌根未得天真味，算觀先通聖妙香。

海上精華難品第，江南草木屬尋常。

待將膚腠侵微汗，毛骨生風六月涼。

——劉秉忠：《藏春集》第 1 卷，第 3 頁，《四庫全書》集部·別集類，
第 1191 冊，第 636 頁。

0607. 試高麗茶

〔元〕劉秉忠

含味芳英久始真，咀回微澀得甘津。

翠成海上三峰秀，奪得江南百苑春。

香襲芝蘭開竅氣，清揮冰雪爽精神。

平生塵慮消融後，餘韻駸駸正可人。

——劉秉忠：《藏春集》第 1 卷，第 3 頁，《四庫全書》集部·別集類，
第 1191 冊，第 636 頁。

0608. 雪煎茶

〔元〕謝宗可

夜掃寒英煮綠塵，松風入鼎更清新。

月圓影落銀河水，雲腳香融玉樹春。

陸井有泉應近俗，陶家無酒未為貧。

詩脾奪盡豐年瑞，分付蓬萊頂上人。

——謝宗可：《詠物詩》第 1 卷，第 17 頁，《四庫全書》集部·別集
類，第 1216 冊，第 629 頁。

0609. 煮茶聲

〔元〕謝宗可

龍芽香暖火初紅，曲几蒲團聽未終。

瑞雪浮江喧玉浪，白雲迷洞響松風。

蠅飛蚓竅詩懷醒，車繞羊腸醉夢空。

如訴蒼生辛苦事，蓬萊好問玉川翁。

——謝宗可：《詠物詩》第 1 卷，第 17～18 頁，《四庫全書》集部·別
集類，第 1216 冊，第 629 頁。

0610. **對茶**

〔元〕孫淑（蕙蘭）

小閣烹香茗，疏簾下玉溝。

燈光翻出鼎，釵影倒沉甌。

婢捧消春困，親嘗散暮愁。

吟詩因坐久，月轉晚妝樓。

——謝旻：《江西通志》第 162 卷，第 63 頁，《四庫全書》史部·地理
類，第 518 冊，第 771 頁。

0611. **寄徑山顏悅堂長老二首**

〔元〕謝應芳

一

每憶城南隱者家，崑山石火徑山茶。

年年春晚重門閉，怕聽階前落地花。

二

兩耳垂肩雪滿顛，維摩一室小林泉。

白雲悾下黃楊樹，且喜重徑厄閏年。

——謝應芳：《龜巢稿》第 4 卷，第 71 頁，《四庫全書》集部·別集
類，第 1218 冊，第 110 頁。

0612. **寄題無錫錢仲毅煮茗軒**〔註84〕

〔元〕謝應芳

聚蚊金谷任薰膻，煮茗留人也自賢。

三百小團陽羨月，尋常新汲惠山泉。

星飛白石僮敲火，煙出青林鶴上天。

〔註84〕 在張豫章等編修的《御選宋金元明四朝詩·御選元詩》卷五十九中，另錄有謝
應芳《寄題無錫錢仲毅煮茗軒》一首云：「聚蚊金谷任薰膻，煮茗留人也自賢。
三百小團陽羨月，尋常新汲惠山泉。星飛白石童敲火，煙出青林鶴上天。午夢
覺來湯欲沸，松風初響竹爐邊。」僅末二句「午夢覺來湯欲沸，松風初響竹爐
邊」不同，但各有精彩意境。見張豫章等編：《御選宋金元明四朝詩·御選元
詩》卷五十九，第 5 頁，《四庫全書》集部·總集類，第 1141 冊，第 346 頁。

莫怪坐無齊趙客，玉川茅屋小如船。

　　——謝應芳：《龜巢稿》第 4 卷，第 76 頁，《四庫全書》集部·別集
　　　　類，第 1218 冊，第 113 頁。

0613. 甫里先生故宅，是時馬縣尹葺其廟

〔元〕成廷珪

太湖三萬六千頃，一代高賢獨此翁。

故宅有僧茶灶在，荒池無主鴨闌空。

松陵唱和知誰再，茅屋襟期與我同。

最愛長洲馬明府，艱危猶自挹高風。

　　——成廷珪：《居竹軒詩集》第 3 卷，第 1 頁，《四庫全書》集部·別
　　　　集類，第 1216 冊，第 320 頁。

0614. 同鄭德明訪寶曇上人不遇賦此二絕

〔元〕成廷珪

一

白雲林下誦經僚，隔岸香風遠更飄。

欲就禪床吃茶處，倩人扶過木長橋。

二

打門來訪寶曇僧，松下雲深喚未應。

誰識三生舊行路，斷崖蒼蘚絡枯藤。

　　——成廷珪：《居竹軒詩集》第 4 卷，第 8 頁，《四庫全書》集部·別
　　　　集類，第 1216 冊，第 346 頁。

0615. 嶺南宜蒙子解渴水歌

〔元〕吳萊

廣州園官進渴水，天風夏熟宜蒙子。

百花醖作甘露漿，南國烹成赤龍髓。

棕櫚亭高內撤餐，梧桐井壓滄江乾。

柏觀金莖擎未濕，藍橋玉臼搗空寒。

小罌封出香覆錦，古鼎貢餘聲撼寢。

酒客心情鬭酒兵，茶僧手段侵茶品。

阿瞞口酸那得梅，茂陵肺消誰賜杯。

液奪胡酥有氣味，波凝海棋無塵埃。

向來暑殿評湯物，沉木紫蘇聞第一。

　　——吳萊：《淵穎集》第 2 卷，第 22～23 頁，《四庫全書》集部・別集
　　　類，第 1209 冊，第 25～26 頁。

0616. 戊午七月六日書事〔註85〕

〔元〕凌雲翰

伏日殊無興可秉，欲談儒墨重尋僧。

茶瓜不解留佳客，笑殺成都杜少陵。

　　——凌雲翰：《柘軒集》第 1 卷，第 43 頁，《四庫全書》集部・別集
　　　類，第 1227 冊，第 758 頁。

0617. 茗理〔註86〕

〔元〕朱升

一抑重教又一揚，能從草質發花香。

神奇共詫天工妙，易簡無令物性傷。

　　——朱升：《茗理》，《朱楓林集》中未見錄，待詳考。

0618. 題天湖庵

〔元〕陳泰

交柯夢四榮，禽鳥集芳樹。

沿溪俯清泠，濯足脫塵屨。

沖襟非慕禪，將以澹浮慮。

〔註85〕此為《戊午七月六日書事》之第二首。
〔註86〕《茗理》有序云：「茗之帶草氣者，茗之氣質之性也。茗之帶花香者，茗之天
　　　理之性也。治之者貴乎除其草氣，發其花香，法在抑之揚之間而已。抑之則實，
　　　實則熱，熱則柔，柔則草氣漸除。然恐花香因而大泄也，於是復揚之。迭抑迭
　　　揚，草氣消融，花香氤氳，茗之氣質變化，天理渾然之時也。漫成一絕。」

道人下修廊，迎客吃茶去。

——陳泰：《所安遺集》，第 43 頁，《四庫全書》集部·別集類，第 1210
冊，第 565 頁。

0619. 慈谿東皋茶亭詩

〔元〕劉仁本

試問東皋老萬回，道傍築室為誰開。

登程客已吃茶去，渡水人從彼岸來。

——劉仁本：《羽庭集》第 4 卷，第 30 頁，《四庫全書》集部·別集
類，第 1216 冊，第 68 頁。

0620. 偶書

〔元〕黃庚

老來驚歲晚，愁裏度年華。

雲凍天將雪，山寒梅未花。

曉窗留客飯，午寺覓僧茶。

歸路江村暝，行行及暮鴉。

——黃庚：《月屋漫稿》第 1 卷，第 24 頁，《四庫全書》集部·別集
類，第 1193 冊，第 791 頁。

0621. 竹窗

〔元〕馬臻

竹窗西日晚來明，桂子香中鶴夢清。

侍立小童閒不動，蕭蕭石鼎煮茶聲。

——馬臻：《霞外詩集》第 1 卷，第 2 頁，《四庫全書》集部·別集類，
第 1204 冊，第 58 頁。

0622. 瀹茶

〔元〕羅大經

松風檜雨到來初，急引銅瓶離竹爐。

待得聲聞俱寂後，一甌春雪勝醍醐。〔註87〕

——羅大經：《鶴林玉露》第 3 卷，第 3 頁，《四庫全書》子部‧雜家類，第 865 冊，第 272 頁。

0623. 遊虎丘

〔元〕郭麟孫

海峰何從來？平地湧高嶺。

去城不七里，幻此幽絕境。

芳遊坐遲暮，無物惜餘景。

樹暗雲岩深，花落春寺靜。

野草時有香，風絮淡淡影。

山行紛遊人，金翠競馳騁。

朝來有爽氣，此意獨誰領，

我來極登覽，妙靈應自省。

遠看青數尖，俯視綠萬頃。

逃禪問頑石，試茗汲憨井。

竟行忘步滑，野坐怯衣冷。

聊為無事飲，頗覺清晝永。

藉草方醉眠，松風忽吹醒。

——張豫章主編：《御選宋金元明四朝詩‧御選元詩》第 14 卷，第 15 頁，《四庫全書》集部‧總集類，第 1440 冊，第 30 頁。

〔註87〕羅大經《鶴林玉露》卷三云：「余同年李南金云：『《茶經》以魚目、湧泉、連珠為煮水之節，然近世淪茶鮮以鼎鑊，用瓶煮水難以候視，則當以聲辨一沸二沸三沸之節。又陸氏之法以未就茶鑊，故以第二沸為合量，而下未若。以今湯就茶甌淪之，則當用背二涉三之際為合量。』乃為聲辨之詩云：『砌蟲唧唧萬蟬催，忽有千車捆載來。聽得松風並澗水，急呼縹色綠瓷杯。』其論固已精矣，然淪茶之法，湯欲嫩而不欲老。蓋湯嫩則茶味甘，老則過苦矣。若聲如松風澗水而遽淪之，豈不過於老而苦哉？惟移瓶去火，少待其沸止而淪之，然後湯適中而茶味甘。此南金之所未講者也。因補以一詩云：『松風檜雨到來初，急引銅瓶離竹爐。待得聲聞俱寂後，一甌春雪勝醍醐。』」

0624. 西域從王君玉乞茶，因其韻七首

〔元〕耶律楚材

一

積年不啜建溪茶，心竅黃塵塞五車。
碧玉甌中思雪浪，黃金碾畔憶雷芽。
盧仝七碗詩難得，諗老三甌夢亦賒。
敢乞君侯分數餅，暫教清興繞煙霞。

二

厚意江洪絕品茶，先生分出蒲輪車。
雪花灩灩浮金蕊，玉屑紛紛碎白芽。
破夢一杯非易得，搜腸三碗不能賒。
瓊甌啜罷酬平昔，飽看西山插翠霞。

三

高人惠我嶺南茶，爛賞飛花雪沒車。
玉屑三甌烹嫩蕊，青旗一葉碾新芽。
頓令衰叟詩魂爽，便覺紅塵客夢賒。
兩腋清風生坐榻，幽歡遠勝泛流霞。

四

酒仙飄逸不知茶，可笑流涎見曲車。
玉杵和雲舂素月，金刀帶雨剪黃芽。
試將綺語求茶飲，持勝春衫把酒賒。
啜罷神清淡無寐，塵囂身世便雲霞。

五

長笑劉伶不識茶，胡為買鍤謾隨車。
蕭蕭暮雨雲千頃，隱隱春雷玉一芽。
建郡深甌吳地遠，金山佳水楚江賒。
紅爐石鼎烹團月，一碗和香吸碧霞。

六

枯腸搜盡數杯茶，千卷胸中到幾車。

湯響松風三昧手，雪香雷震一槍芽。

滿囊垂賜情何厚，萬里攜來路更賒。

清興無涯騰八表，騎鯨踏破赤城霞。

七

啜罷江南一碗茶，枯腸歷歷走雷車。

黃金小碾飛瓊屑，碧玉深甌點雪芽。

筆陣陳兵詩思勇，睡魔卷甲夢魂賒。

精神爽逸無餘事，臥看殘陽補斷霞。

——耶律楚材：《湛然居士集》第 5 卷，第 13～16 頁，《四庫全書》集
　　部‧別集類，第 1191 冊，第 530～531 頁。

0625. 婺源道中

〔元〕方回

盤山莫訝去程賒，風俗真淳尚可嘉，

行客門前方下馬，主人店裏已烹茶。

百泉怒噴常疑雨，萬木陰森不見花。

倚杖蒼崖憶何事，白雲深處晦翁家。

——方回：《桐江續集》第 15 卷，第 13 頁，《四庫全書》集部‧別集
　　類，第 1193 冊，第 404 頁。

0626. 桐江次韻數首

〔元〕方回

一、次韻數首謝遁翁吳山長孔昭三首

（一）

筆追古作未云賒，正始遺音到永嘉。

諫列合騎沙苑馬，從臣宜賜壑源茶。

吟邊彭澤先生柳，夢里長安進士花。

不朽故知非爵位，文章海內舊名家。

（二）

乾淳一老去非賒，里社遊談亦孔嘉。

仙馭不還緱氏鶴，禪機空說趙州茶。

神農為我先嘗藥，迦葉誰今又笑花。

欲向君侯問端的，流風應謝魯東家。

（三）

降原陟巘敢嫌賒，風物元從僻處嘉。

晴日緩行果下馬，春山初試雨前茶。

野橋瀟灑泉如雪，石壁巉岩蘚自花。

剩欲移居此中住，便依詩老作鄰家。

——方回：《桐江續集》第15卷，第13頁，《四庫全書》集部·別集
類，第1193冊，第404頁。

二、次韻謝徐贊府

越燠燕寒萬里賒，相逢重接話言嘉。

乘車君不輕予笠，缺酒吾惟啜子茶。

斯立官銜清似水，叔原樂府麗於花。

內交倘許如元白，各賦春深二十家。

——方回：《桐江續集》第15卷，第13～14頁，《四庫全書》集部·
別集類，第1193冊，第404～405頁。

三、次韻謝吳太初

落筆誰云古意賒，四靈何得擅東嘉。

跨鸞未斫吳剛桂，對鶴頻烹魏野茶。

商略春詞犀墮雪，留連夜酌燭生花。

如君三世工文墨，江左於今有幾家。

——方回：《桐江續集》第15卷，第14頁，《四庫全書》集部·別集
類，第1193冊，第405頁。

四、再次韻謝吳遁翁

一自為農去國賒，九天無路獻忠嘉。

不爭老杜廣文飯，且共仰山鷁子茶。

字畫故家元祐腳，篇章時樣鄂州花。

它山待刻鐘樓作，震撼煙霞十萬家。

——方回：《桐江續集》第 15 卷，第 14 頁，《四庫全書》集部·別集
類，第 1193 冊，第 405 頁。

五、復次韻吳遁翁

乾坤礫裂歲年賒，忽復中原慶獲嘉。
雷煥竟能出神劍，張華才許識真茶。
一身北去南來雁，萬事朝開暮落花。
詩句辱公過相獎，已甘終老作田家。

——方回：《桐江續集》第 15 卷，第 14 頁，《四庫全書》集部·別集
類，第 1193 冊，第 405 頁。

六、次韻王君偕子同來訪

愧子初來塢路賒，曾微酒旨與殽嘉。
答詩輒便拈枯筆，接話才能供淡茶。
膝上佳兒如玉雪，山中春事幾風花。
良疇世世勤菑播，終待明時遇宅家。

——方回：《桐江續集》第 15 卷，第 15 頁，《四庫全書》集部·別集
類，第 1193 冊，第 405 頁。

七、次韻前廣德趙教授

脩程萬里未為賒，年少曾逢世運嘉。
早擢高科題雁塔，合班邇列馥龍茶。
宦情劃似雲歸岫，時事驚如雨送花。
書林寶藏饒詞藻，肯羨青霄富貴家。

——方回：《桐江續集》第 15 卷，第 15 頁，《四庫全書》集部·別集
類，第 1193 冊，第 405 頁。

八、次韻滕君賓日

其先四人登科，愷璘琪武子有四桂堂，璘曰：溪齋祖也。父嶧曰：切齋
至邑宰，叔父堂長鈞作晦翁亭於其家之朱塘，文公嘗偕蔡季通來遊之地云：

數步朱塘路匪賒，晦翁亭創自端嘉。

遙聞古屋環脩竹，擬汲寒泉薦苦茶。
萬鎰黃金何足寶，四枝丹桂有餘花。
諸孫風骨今猶別，師友淵源自一家。

——方回：《桐江續集》第 15 卷，第 15 頁，《四庫全書》集部‧別集
類，第 1193 冊，第 405 頁。

九、遁翁賜詩不已復次韻二首

（一）

登畿稍借隙陰賒，告後謀猷豈不嘉。
未斷周妻及何肉，已忘黨酒與陶茶。
病軀度日惟憑藥，禿鬢經春不識花。
賴有公詩滿歸橐，定成多寶駭貧家。

（二）

極知旅瑣酒難賒，亦欠魚如丙穴嘉。
稍向市工求舊硯，更從山戶覓新茶。
芙蓉欲度崔嵬嶺，芍藥猶餘爛漫花。
但恐歸途別懷惡，時須回首故人家。

——方回：《桐江續集》第 15 卷，第 16 頁，《四庫全書》集部‧別集
類，第 1193 冊，第 406 頁。

0627. 丁繼道索茶於天寧方丈次韻

〔元〕唐元

平生愛殺趙州茶，老禪苦髭如茁芽。
紅蓮幕下斲輪手，僧窗醉臥忘公家。
醍醐養性近亦厭，雲腴泛碗相矜誇。
瀑流井收各有味，三丫路頭行勿差。
撚松戒傍菩提樹，汲水借潤優曇花。
心安不用拽牛鼻，吟豪直欲拔鯨牙。
樓船將軍下橫浦，陋邦震攝逃呂嘉。

——唐元：《筠軒集》第 4 卷，第 13 頁，《四庫全書》集部‧別集類，
第 1213 冊，第 472 頁。

0628. 答朱鶴皋惠茶

〔元〕侯克中

日高夢破打門聲，陽羨新茶稱客情。

方念雁無千里信，忽聞鶴在九皋鳴。

軒轅石鼎春雲暖，漢武金盤曉露清。

方丈蓬萊在何處？乘風好締玉川盟。

——侯克中：《艮齋詩集》第 6 卷，第 3 頁，《四庫全書》集部‧別集
類，第 1105 冊，第 476 頁。

0629. 偕胡伴讀訪繼上人

〔明〕唐文鳳

一

偶逢嘉節試同遊，古剎黃花九月秋。

蓮社陶潛應有約，茱囊桓景不須求。

乾坤容我襟懷壯，光景催人歲月流。

為問麟經家學在，相期二老紹前修。

二

為訪高僧浣俗緣，黃花香寂晚秋天。

杜公詩句稱支遁，韓子書辭慕大顛。

嗜酒許開彭澤戒，吃茶應悟趙州禪。

法華讀罷心如水，方丈香浮一篆煙。

——唐文鳳：《梧岡集》第 3 卷，第 30 頁，《四庫全書》集部‧別集
類，第 1242 冊，第 578 頁。

0630. 彭印周書齋偶得

〔明〕何南鳳

竹深鳥語喧，日出花生妍。

城外人家少，清幽得自然。

有僧來問訊，客至總談禪。

茶罷絲桐響，閒情寄七絃。

——何南鳳：《訒堂餘稿》，見《興寧先賢叢書選錄一》（興寧文史第
32 輯），廣東省興寧市政協文史資料委員會編，2008 年，第 16
頁。

0631. 煮茶圖

〔明〕胡奎

落花風颭煮茶煙，水榭高閒即是仙。

想見杭州蘇太守，賦成龍井試春泉。

——胡奎：《斗南老人集》第 5 卷，第 33 頁，《四庫全書》集部·別集
類，第 1233 冊，第 531 頁。

0632. 訪僧不遇

〔明〕胡奎

三月青桐已著花，我來欲吃趙州茶。

應門童子長三尺，說道闍黎不在家。

——胡奎：《斗南老人集》第 5 卷，第 75 頁，《四庫全書》集部·別集
類，第 1233 冊，第 552 頁。

0633. 病中試新茶

〔明〕唐順之

久不窺園圃，多應徧落花。

生涯只本草，歲月又新茶。

婚嫁身多債，詩書眼尚遮。

病來都忘卻，恰似老僧伽。

——唐順之：《荊川集》第 3 卷，第 2 頁，《四庫全書》集部·別集類，
第 1276 冊，第 218 頁。

0634. 遊海珠寺〔註88〕

〔明〕鄺夢琰

塵嘩何擾擾，一笑喜逢僧。

茶話留賓榻，蓮經照佛燈。

寶山居勝地，星水透層冰。

有分詩緣裏，何勞白眼憎。

——明・郭棐：《嶺海名勝記》第7卷，明萬曆24年〔1596〕刻本，
　　國家圖書館藏，第15頁。

0635. 偕陳仲醇陳箕仲遊青野禪寺

〔明〕方應選

隔橋橫野寺，梵響答農歌。

缽水含風淨，茶煙帶雨和。

天花揮麈落，竹翠拂衣多。

便欲辭僧去，其如詩思何。

——張豫章主編：《御選宋金元明四朝詩・御選明詩》第61卷，第23
　　頁，《四庫全書》集部・總集類，第1443冊，第540頁。

0636. 靜庵茶詩

〔明〕張羽

一、文心之訪予山中

遠訪孤峰頂，涼荒見道情。

別來多少事，話到二三更。

燈影搖空壁，茶香出破鐺。

山中無一物，何以贈君行。

——張羽：《靜居集》第4卷，明弘治四年〔1491〕刻本，國家圖書館
　　藏〔善本號：07197〕，第8頁。

〔註88〕此為《遊海珠寺》之第二首。

二、寄贈一見禪師

名藍不肯住，招隱始中年。

白日無來客，青山獨坐禪。

磬敲松頂月，茶煮澗心泉。

見說銜花鹿，時來坐下眠。

——張羽：《靜居集》第 4 卷，明弘治四年〔1491〕刻本，國家圖書館

　　藏〔善本號：07197〕，第 13 頁。

三、月牖

園井汲寒淥，當窗煮金屑。

應有山僧來，問君泛春雪。

——張羽：《靜庵集》第 4 卷，第 8 頁，《四庫全書》集部 · 別集類，

　　第 1230 冊，第 541 頁。

四、茶宴堂

一壺兼一杖，獨行東墺裏。

稚子倚柴門，孤煙屋頭起。

——張羽：《靜庵集》第 4 卷，第 8 頁，《四庫全書》集部 · 別集類，

　　第 1230 冊，第 541 頁。

0637. 太史茶詩

〔明〕高啟

一、賦得惠山泉送客遊越

雲液流甘漱石牙，潤通錫麓樹增華。

汲來曉冷和山雨，飲處春香帶澗花。

合契老僧煩每護，修經幽客記曾誇。

送行一斛還堪贈，往試雲門日注茶。

——高啟：《大全集》第 15 卷，第 8 頁，《四庫全書》集部 · 別集類，

　　第 1230 冊，第 192 頁。

二、煮雪齋為貢文學賦禁言茶

自埽瓊瑤試曉烹，石爐松火兩同清。

漩渦尚作飛花舞，沸響還疑灑竹鳴。

不信秦山經歲積，俄驚蜀浪向春生。

一甌細啜真天味，卻笑中泠妄得名。

——高啟：《大全集》第 15 卷，第 9 頁，《四庫全書》集部·別集類，
第 1230 冊，第 192 頁。

三、十二月十九日雪中

舟絕寒江凍不潮，縈沙拂柳影翛翛。

才從漁浦磯邊積，還向樵村竹外飄。

撲馬憶從年少樂，點袍曾逐侍臣朝。

如今獨坐吟詩句，茅屋茶煙冷未消。

——高啟：《大全集》第 15 卷，第 13 頁，《四庫全書》集部·別集類，
第 1230 冊，第 194 頁。

四、過僧舍訪呂敏

幾欲相尋與願違，今朝始得過禪扉。

磬聲穿竹山房遠，屐齒黏苔石徑微。

幽鳥每同馴鴿下，高人閒與老僧依。

談詩說偈俱堪喜，坐覺茶香上薜衣。

——高啟：《大全集》第 15 卷，第 13 頁，《四庫全書》集部·別集類，
第 1230 冊，第 194 頁。

五、廉上人水竹居

水西分土一袈裟，拄杖敲門竹滿家。

埽石安禪無落葉，過溪送客有浮槎。

龍吟夜應潮生海，鳥過寒驚月在沙。

林下本來參玉板，不須更煮趙州茶。

——高啟：《大全集》第 15 卷，第 31 頁，《四庫全書》集部·別集類，
第 1230 冊，第 203 頁。

六、過山家

流水聲中響緯車，板橋春暗樹無花。

風前何處香來近，隔埈人家午焙茶。

——高啟：《大全集》第 17 卷，第 7 頁，《四庫全書》集部・別集類，
第 1230 冊，第 223 頁。

七、採茶詞

雷過溪山碧雲曖，幽叢半吐槍旗短。

銀釵女兒相應歌，筐中摘得誰最多？

歸來清香猶在手，高品先將呈太守。

竹爐新焙未得嘗，籠盛販與湖南商。

山家水解種禾黍，衣食年年在春雨。

——高啟：《大全集》第 2 卷，第 12 頁，《四庫全書》集部・別集類，
第 1230 冊，第 24 頁。

八、送董湖州

五馬貴專城，花兼赤綬明。

政條民乍識，賦籍吏初呈。

山籠輸茶至，溪船摘芰行。

非將茗雪水，誰比使君清。

——高啟：《大全集》第 12 卷，第 26 頁，《四庫全書》集部・別集類，
第 1230 冊，第 158 頁。

0638. 登上塔

〔明〕豐坊

火發茶香歸缽淨，風傳竹韻過窗虛。

杖頭探得金沙窟，寂寂靈源本自如。

——郭子章：《明州阿育王山志》第 10 卷，見杜潔祥主編《中國佛寺
史志彙刊》第 1 輯第 11、12 冊，明文書局，1980 年，第 530 頁。

0639. 茶鐺煮月

〔明〕蔡欽

老禪出定雨晴天，和月煎茶袒右肩。

半榻清風燒落葉，一溪秋色汲新泉。

蒼蠅夜集爐頭鼎，睡鶴時驚座上煙。

為囑高僧休自啜，相如病渴臥文園。

——郭子章：《明州阿育王山志》第 10 卷，見杜潔祥主編《中國佛
寺史志彙刊》第 1 輯第 11、12 冊，明文書局，1980 年，第 542
頁。

0640. 茶山宿霧

〔明〕陳朝輔

日掛扶桑宿霧消，垂垂花乳綴叢條。

宄中老衲餘清思，縹緲爐煙柏子燒。

——周應賓輯：《重修普陀山志》第 26 卷《補陀十二詠之二首》，《中
國佛寺史志彙刊》第 9 冊，第 491 頁。

0641. 淨室茶煙

〔明〕陳朝輔

幽壑沉沉春色回，虛堂陰雨長莓苔。

新煙數縷穿雲竇，石鼎茶香客遠來。

——周應賓輯：《重修普陀山志》第 5 卷《補陀十二詠之二首》，《中國
佛寺史志彙刊》第 9 冊，第 491 頁。

0642. 靜寄軒詩三首

〔明〕朱存理

一

靜寄軒中無垢氛，硯苔滋墨氣如雲。

匣藏數鈕秦朝印，白玉蟠螭小篆文。

二

獨行應如魯獨居，心同柳下孰云迂。

從教鄰女衣沾濕，試問高人安穩無。

三

身似梅花樹下僧，茶煙輕揚鬢鬅鬙。

神清又似孤山鶴，瘦骨伶仃絕愛憎。

——朱存理：《趙氏鐵綱珊瑚》第 9 卷，第 42 頁，《四庫全書》子部·
藝術類，第 815 冊，第 534 頁。

0643. 竹林寺

〔明〕王翰

來訪山中古道場，憩眠聊借贊公房。

三生定水龍花供，一味枯禪栢子香。

風逗竹聲晴作雨，山含灝氣晚生涼。

高僧茶罷跏趺坐，愧我棲遲兩鬢霜。

——王翰：《梁園寓稿》第 9 卷，第 6 頁，《欽定四庫全書》集部·別
集類，第 1233 冊，第 327 頁。

0644. 再同二公登雨花臺仍用花字

〔明〕王世貞

高坐同支許，清言勝永嘉。

忽穠平野色，猶似講壇花。

岸幘和風狎，移床返照斜。

將何消酪酊，乞得老僧茶。

——王世貞：《弇州續稿》第 13 卷，第 1 頁，《四庫全書》集部·別集
類，第 1282 冊，第 169 頁。

0645. 遊靈峰寺

〔明〕樊阜

步入靈峰寺，嵐霏翠濕衣。

野塘蒲葉短，石磴蘚花微。

潭靜龍長臥，山寒鶴未歸。

老僧茶話久，高閣轉斜暉。

——曹學佺：《石倉歷代詩選》第 437 卷，第 13 頁，《四庫全書》集
　　部·總集類，第 1392 冊，第 780 頁。

0646. 憶靈巖

〔明〕朱諫

曾到靈巖寺，斜陽帶晚鴉。

山童掃僧舍，茗碗對殘花。

拄杖看危石，移尊就淺沙。

題詩轉相憶，惆悵老年華。

——曹學佺：《石倉歷代詩選》第 467 卷，第 16 頁。《四庫全書》集
　　部·總集類，第 1393 冊，第 384 頁。（亦見朱諫《蕩南集》卷四，
　　清同治十三年樂城朱氏刻本。）

0647. 和謝吳東潤惠悟道泉詩〔註89〕

〔明〕沈周

彭亨一器置堂前，思此泠泠久缺然。

借取白雲朝幕甕，載兼明月夜同船。

小分東潤聊知味，大吸西江亦喻禪。

紗帽籠頭煙繞鬢，煎茶有法是盧傳。

——錢穀：《吳都文粹續集》第 33 卷，第 41 頁，《四庫全書》集部·
　　總集類，第 1386 冊，第 123 頁。

0648. 寶林奘師八十

〔明〕沈周

定裏何曾記歲華，萬緣空是壽生涯。

千峰健步無笻竹，一缽加餐有飯麻。

〔註89〕此為沈周和吳寬《謝吳東潤惠悟道泉》韻。

心似青蓮藏般若，眼將秋月照楞伽。

問師歷臘今多少，不欲通人道吃茶。

——沈周：《石田詩選》第 4 卷，第 18 頁，《欽定四庫全書》集部·別
　　集類，第 1249 冊，第 610 頁。

0649. 訪劉山人不值

〔明〕李攀龍

一

主人三徑草堂斜，稚子開門勸吃茶。

自有白雲看好客，不妨紅葉滿貧家。

二

南窗狼藉半床書，階下蒼苔罷掃除。

似是鄰翁邀作社，不然應釣錦川魚。

——李攀龍：《滄溟集》第 13 卷，第 24 頁，《欽定四庫全書》集部·
　　別集類，第 1278 冊，第 340 頁。

0650. 黃華夜宿

〔明〕李聯芳

著意看山不肯歸，峰頭星月影微微。

僧房夜半渾無寐，坐看茶煙起竹扉。

——陳夢雷：《欽定古今圖書集成·方輿彙編·山川典》第 50 卷，林慮
　　山部藝文二·詩，中華書局影印版，1934 年，第 187 冊，第 29 葉。

0651. 送翰林宋先生致仕歸金華〔註90〕

〔明〕孫蕡

紅綖金帶荔枝花，三品詞林內相家。

歸去山中無個事，瓦瓶春水自煎茶。

——孫蕡：《西菴集》第 7 卷，第 10 頁，《欽定四庫全書》集部·別集
　　類，第 1231 冊，第 544 頁。

〔註90〕《送翰林宋先生致仕歸金華》共二十五首，此為其第十一。

0652. 和茅孝若試岕茶歌兼訂分茶之約

〔明〕汪道會

昔聞神農辨茶味，功調五臟能益思。

北人重酪不重茶，遂令齒頰饒膻氣。

江東顧渚夙擅名，會稽靈荈稱日鑄。

松蘿晚歲出吾鄉，幾與虎丘爭市利。

評者往往最吳興，清虛淡穆有幽致。

去年春盡客西泠，茅君遺我岕一器。

更寄新篇賦岕歌，蠅頭小書三百字。

為言明月峽中生，洞山廟後皆其次。

終朝採擷不盈筐，阿顏手澤柔葇焙。

急然石鼎斟惠泉，湯響如聆松上吹。

須臾縹碧泛瓷甌，蒻然鼻觀微芳注。

金莖晨露差可方，玉泉寒冰詎能配。

頓浣枯腸淨掃愁，乍消塵慮醒忘睡。

因知品外貴希夷，芳馨穠郁均非至。

陸羽細碎搏紫芽，烹點雖佳失真意。

常笑今人不如古，此事今人信超詣。

馮公已死周郎在，當日風流猶未墜。

君之良友吳與臧，可能不為茲山志。

嗟予耳目日漸衰，老失聰明慚智慧。

君能歲贈葉千片，我報陰藥當十劑。

涼颸杖策尋黃山，倘過陸家茶酒會。

——陳夢雷：《欽定古今圖書集成·經濟彙編·食貨典》第 295 卷·茶
部文藝四·詩詞，中華書局影印版，1934 年，第 699 冊，第 40 葉。

0653. 宿牛首寺

〔明〕陳鐸

到寺萬緣絕，蕭然宿峰頂。

蒼蒼野色新，漠漠秋煙暝。

相期話三生，夜坐石根冷。

微涼入虛闌，老鶴語桐井。

支郎翻經處，松子落古鼎。

白露下高空，濕雲壓幽境。

望極巔厓前，寒籬眇村徑。

談久明月來，照我天地靜。

自汲石泉水，同僧瀹佳茗。

天風在林末，空翠散復整。

一乘演微機，開豁自慚省。

疏竹何蕭蕭，雲房亂燈影。

——張玉書：《御定佩文齋詠物詩選》第 232 卷，第 19 頁，《四庫全書》集部·總集類，第 1433 冊，第 381 頁。

0654. 某伯子惠虎丘茗謝之

〔明〕徐渭

虎丘春茗妙烘蒸，七碗何愁不上升。

青箬舊封題穀雨，紫砂新罐買宜興。

卻從梅月橫三弄，細攪松風㸐一燈。

合向吳儂形管說，好將書上玉壺冰。

——張玉書：《御定佩文齋詠物詩選》第 244 卷，第 25 頁，《四庫全書》集部·總集類，第 1433 冊，第 564 頁。

0655. 暮春偶過山家

〔明〕吳兆

山村處處採新茶，一道春流繞幾家。

石徑行來微有跡，不知滿地是松花。

——陳夢雷：《欽定古今圖書集成·經濟彙編·食貨典》第 295 卷·茶部文藝四·詩詞，中華書局影印版，1934 年，第 699 冊，第 40 葉。

0656. 法海寺

〔明〕吳兆

野航時可繫，林寺晝猶扃。

古木無年歲，清陰滿戶庭。

客來方禮磬，僧坐但翻經。

煙起炊茶灶，聲聞汲井瓶。

窗過湖鳥白，簷掛葉蟲青。

蔬飯欣然飽，徐徐步遠坰。

——張豫章等編：《御選宋金元明四朝詩・御選明詩》第 94 卷，第 28 頁，《四庫全書》集部・總集類，第 1444 冊，第 353 頁。

0657. 雲英詩

〔明〕朱有燉

雲英何處訪遺蹤，空對陽臺十二峰。

花院無情金鎖合，蘭房有路碧苔封。

消愁茶煮雙團鳳，縈恨香盤九篆龍。

腸斷端清樓閣裏，墨痕燭灺尚重重。

——張豫章：《御選宋金元明四朝詩・御選明詩》第 2 卷，第 8 頁，《四庫全書》集部・總集類，第 1442 冊，第 154 頁。

0658. 題贈二上人泉茶 〔註91〕

〔明〕朱樸

一、茶谷為約上人題

不是春風野草花，山深依舊自年華。

新煙未改青楓火，細雨先烹粟粒芽。

喜有酪奴修客供，幸無錢稅惱官家。

道人不解機鋒語，日日相過且吃茶。

——朱樸：《西村詩集》卷下，第 16～17 頁，《四庫全書》集部・別集類，第 1273 冊，第 425 頁。

〔註91〕 此題為編者合錄二首後加。

二、為養泉上人題

洗缽修齋煮茗芽，道心涵泳靜塵砂。

閒來禮佛無餘供，汲取瓷瓶浸野花。

——朱樸：《西村詩集》補遺，第 2 頁，《四庫全書》集部・別集類，
第 1273 冊，第 434 頁。

0659. 即景留題三首

〔明〕楊基

一、即景〔註92〕

長眉短眉柳葉，深色淺色桃花。

小橋小店沽酒，新火新煙煮茶。

——楊基：《眉庵集》第 10 卷，第 16 頁，《四庫全書》集部・別集類，
第 1230 冊，第 452 頁。

二、留題湘江寺

瀟湘縣前山繞城，綠陰滿地聞流鶯。

入門下馬松徑濕，棕櫚花開春雨晴。

山僧知我攜客至，身披裟裓下榻迎。

汲泉敲火煮新茗，茶香鼎潔泉甘清。

龕燈照佛佛像古，舍利五色真身明。

黃金布地孔翠帳，幡蓋聯絡皆珠瓊。

飛來巨石臥青兕，以爪扣擊成金聲。

十年足跡走萬里，福地往往迷榛荊。

茲山信是無量壽，百千萬劫完不傾。

乃知願力自廣大，天神守護邪魔驚。

我來作禮繞三匝，寶花如雪天樂鳴。

便從真如入妙覺，豈有世網能相攖。

同行僚友二三輩，勸我寫石留芳名。

〔註92〕《即景》共四首，此為其一。

他年老眼得再睹，風雨剝落莓苔生。

——楊基：《眉庵集》第 3 卷，第 11～12 頁，《四庫全書》集部·別集類，第 1230 冊，第 371～372 頁。

三、立夏前一日有賦

漸老綠陰天，無家怯杜鵑。

東風有今夜，芳草又明年。

蠶熟新絲後，茶香煮酒前。

都將南浦恨，聊寄北匆眠。

——楊基：《眉庵集》第 7 卷，第 14 頁，《四庫全書》集部·別集類，第 1230 冊，第 407 頁。

0660. 春江對雪

〔明〕楊基

一

春雲作寒飛鳥絕，花雨紛紛暮成雪。

江山最好雪中看，況是東風二三月。

二

披蓑漁立柳邊航，戴笠僧歸竹外莊。

草暖尚迷雙鷺白，樹寒先露一鶯黃。

三

我愁春雪看難久，重為江山更回首。

莫煮清貧學士茶，且沽綠色人間酒。

——楊基：《眉庵集》第 3 卷，第 6～7 頁。《四庫全書》集部·別集類，第 1230 冊，第 369 頁。

0661. 題周伯陽所居

〔明〕徐賁

山深獨置家，地帶竹林斜。

花盡纔收蜜，煙生正焙茶。

客來門放屨，樵出路鳴車。

不但成高隱，營生亦有涯。

——徐賁：《北郭集》第 4 卷，第 12 頁，《四庫全書》集部·別集類，
第 1230 冊，第 589 頁。

0662. 寧國溪上〔註93〕

〔明〕魏觀

石發連芳草，溪花映碧苔。

蕭霜千里思，明月一舟開。

鼎沸茶初煮，爐香栗自煨。

忽添詩興好，細雨白鷗回。

——張豫章等編：《御選宋金元明四朝詩·御選明詩》第 51 卷，第 15
頁，《四庫全書》集部·總集類，第 1443 冊，第 306 頁。

0663. 睡起

〔明〕陳汝言

匡床午夢鶴驚破，簾外柳花飛白雲。

漠漠茶煙當戶起，丁丁樵響隔林聞。

詩成自刻庭前竹，酒熟還羹澗底芹。

春盡江南新漲綠，扁舟何處狎鷗群。

——張豫章等編：《御選宋金元明四朝詩·御選明詩》第 70 卷，第 23
頁，《四庫全書》集部·總集類，第 1443 冊，第 740 頁。

0664. 鄞江漁者歌贈陳仲謙

〔明〕王彝

我昔採藥華山峰，群山一視青童童。

或從暮靄見一線，知是鄞江源甬東。

婁東今見披裘者，浮江昔在鄞江中。

釣竿每裁郎山竹，臺笠獨染蓬萊松。

〔註93〕《寧國溪上》共四首，此為其三。

向人只說鄞江好，似有江水蟠胸中。
鄞江山水帶甌越，晝夜海日涵虛空。
青天時截蝃蝀雨，白波或起鯉魚風。
潭雲不礙山水色，百里尚見漁人蹤。
陽光坐弄春蕩楫，灘響臥聽秋推篷。
朝炊前村記煙樹，暮搒別浦依丹楓。
扁舟所至聊復爾，飲水即如春酒濃。
平生姓字人罕識，一自為漁今老翁。
故山年來暗烽火，苦雪歲晏愁空濛。
尋源未向武陵去，放舟尚喜滄溟通。
賣魚偶入練圻市，得錢買米真珠紅。
猶惜黃塵滿城郭，秋風濯足來吳淞。
眼明目送獨歸鳥，意盡忽見雙飛鴻。
夕陽曬網不知處，有夢數與鄉人逢。
崓來相見不相識，一笑知找遭文窮。
我本青城採樵者，孤吟豈是寒窗蛩。
懷中亦有太平策，不救午甌飛春蟲。
明朝擬入五湖裏，且載茶灶尋龜蒙。
君今出此鄞江畫，許我結網來相從。
殷勤索詩饋雙鯉，我欲放之疑是龍。
丹山赤水定何處，只今吟笑何人同。
碩君著我臥船尾，霜晨共聽育王鍾。

——王彝：《王常宗集》第 4 卷，第 9～10 頁，《四庫全書》集部·別
集類，第 1229 冊，第 429 頁。

0665. 白雲泉煮茶

〔明〕韓奕

白雲在天不作雨，石罅出泉如五乳。
追尋能自遠師來，題詠初因白公語。
山中知味有高禪，採得新芽社雨前。
欲試點茶三昧手，上山親汲雲間泉。

物品由來貴同性，骨清肉膩味方永。

客來如解吃茶去，何但令人塵夢醒。

——張玉書：《御定佩文齋詠物詩選》第 244 卷，第 12 頁，《四庫全書》集部·總集類，第 1433 冊，第 558 頁。

0666. 山院

〔明〕韓奕

山院頻來即是家，鄰房幾處共煙霞。

石池水碧連朝雨，金粟秋開滿樹花。

入社陶公寧止酒，品泉陸子解煎茶。

扁舟百里行非遠，黃髮應堪老歲華。

——張豫章等編：《御選宋金元明四朝詩·御選明詩》第 72 卷，第 5～6 頁，《四庫全書》集部·總集類，第 1443 冊，第 772～773 頁。

0667. 南歸途中先寄諸鄉友

〔明〕陳獻章

我家久住龍溪上，說著龍溪便有情。

荔子不將梨鬥美，沙螺休與蟹爭衡。

江村婦女蕉衫窄，市巷兒郎木屐輕。

漫興詩多誰和我，樽前忙殺馬先生。

不分賓主共林塘，脫下朝衫作道裝。

酒為老夫開甕盎，茗和春露滴旗鎗。

津頭水滿鴛鴦下，牆背風來枳殼香。

何處與君拚坐久，萬株花裏小藜床。

——陳獻章：《陳白沙集》第 7 卷，第 68 頁，《四庫全書》集部·別集類，第 1246 冊，第 257 頁。

0668. 題畫

〔明〕唐寅

春風修禊憶江南，酒榼茶爐共一擔。

尋向人家好花處，不通名姓即停驂。

——陳邦彥：《御定歷代題畫詩類》第 52 卷，第 15～16 頁，《四庫全書》集部・總集類，第 1435 冊，第 643 頁。

0669. 閒居漫興

〔明〕浦瑾

一

草堂幽事許誰分，石鼎茶煙隔戶聞。
長日如年雙燕睡，晴風似酒百花醺。
軟莎新步青絲履，濃墨閒書白練裙。
稍待溪南荷芰滿，扁舟十里看紅雲。

二

雨熟枇杷樹樹香，綠陰如水晝生涼。
客疏卻喜階苔厚，身懶初便簟竹光。
陽羨紫茶團小月，吳江白苧剪輕霜。
投壺散帙還隨意，消得人間白日長。

三

此身閒外復何求，長日安居事事幽。
隔竹敲茶妨鶴夢，臨池洗墨戲魚浮。
風牽翠帶翻階草，雨濕紅綃落海榴。
散盡飛蟲生晚色，月明已上水東頭。

——張豫章等編：《御選宋金元明四朝詩・御選明詩》第 80 卷，第 12～13 頁，《四庫全書》集部・總集類，第 1444 冊，第 66 頁。

0670. 與陸無蹇宿資慶寺

〔明〕蔡羽

空壁聞啼鳥，雲深冷石房。
春隨落花去，人自採茶忙。
葉暗翻經室，泉虛點易床。

陸郎溪壑主，假榻久何妨。

——錢穀：《吳都文粹續集》第 33 卷，第 39 頁，《四庫全書》集部·
總集類，第 1368 冊，第 122 頁。

0671. 題唐伯虎烹茶圖為喻正之太守三首

〔明〕王稚登

一

太守風流嗜酪奴，行春常帶煮茶圖。
圖中傲吏依稀似，紗帽籠頭對竹爐。

二

靈源洞口採旗槍，五馬來乘穀雨嘗。
從此端明茶譜上，又添新品綠雲香。

三

伏龍十里盡香風，正近吾家別墅東。
他日千旄能見訪，休將水厄笑王濛。

——陳夢雷：《欽定古今圖書集·明倫彙編·官常典》第 622 卷，郡守
部藝文四·詩，中華書局影印版，1934 年，第 305 冊，第 60 葉。

0672. 讀李洞詩

〔明〕袁宗道

不才敢擬子雲玄，索米金門又一年。
風味漸隨雙鬢減，天真猶仗一尊全。
破冰滴硯晨箋易，掃地安單夜坐禪。
閒洗磁瓶烹岕茗，故人新寄玉山泉。

——張豫章等編：《御選宋金元明四朝詩·御選明詩》第 86 卷，第 17
頁，《四庫全書》集部·總集類，第 1444 冊，第 189 頁。

0673. 皇甫仲璋邀飲惠山

〔明〕袁宏道

東風吹水浴平沙，鸂鶒鸕鷀滿釣槎。

去日翟公猶有客，到來潘岳已無花。

溪鱗唼雨層層浪，山碓舂雲處處家。

白石青松如畫裏，臨流乞得惠泉茶。

——張豫章等編：《御選宋金元明四朝詩·御選明詩》第 86 卷，第 18 頁，《四庫全書》集部·總集類，第 1443 冊，第 190 頁。

0674. 昌平道中

〔明〕袁宏道

庵前乞得老僧茶，一派垂楊十里沙。

烏籠白籃憑揀取，麝香李子枕頭瓜。

——張玉書：《御定佩文齋詠物詩選》第 232 卷，第 4～5 頁，《四庫全書》集部·總集類，第 1434 冊，第 111 頁。

0675. 寄方壺道人

〔明〕劉仔肩

海上神仙館，天邊處士星。

臥雲歌酒德，對雨著茶經。

石洞龍噓氣，松巢鶴墜翎。

都將金玉句，一一寫空青。

——劉仔肩：《雅頌正音》第 1 卷，第 5 頁，《四庫全書》集部·總集類，第 1370 冊，第 587 頁。

0676. 書句容丁溪僧舍壁

〔明〕吳寬

丁公溪上古招提，策馬來尋路欲迷。

遠道黃埃臨水隔，當門綠樹與雲齊。

山中地僻無人到，窗下僧閒鳥自啼。

瀹茗焚香坐終日，不知林外夕陽低。

——吳寬：《家藏集》第 1 卷，第 12 頁，《四庫全書》集部·別集類，第 1255 冊，第 10 頁。

0677. **愛茶歌**

〔明〕吳寬

湯翁愛茶如愛酒，不數三升並五斗。

先春堂開無長物，只將茶灶連茶臼。

堂中無事長煮茶，終日茶杯不離口。

當筵侍立惟茶童，入門來謁惟茶友。

謝茶有詩學盧仝，煎茶有賦擬黃九。

茶經續編不借人，茶譜補遺將脫手。

平生種茶不辦租，山下茶園知幾畝。

世人可向茶鄉遊，此中亦有無何有。

——吳寬：《家藏集》第 4 卷，第 11～12 頁，《四庫全書》集部·別集類，第 1255 冊，第 30～31 頁。

0678. **留題治平寺次前韻**

〔明〕吳寬

野岸艤舟楫，登登扣禪關。

木杪望飛閣，半依茶磨山。

翻嫌棟宇高，隔林見人寰。

石湖分一曲，殿腳臨潺湲。

老僧閱梵語，趺坐寒雲間。

不知城中人，暫到非長閒。

棹歌答空谷，沿流月中還。

——吳寬：《家藏集》第 5 卷，第 6～7 頁，《四庫全書》集部·別集類，第 1255 冊，第 34～35 頁。

0679. **宿東禪寺淨公房**

〔明〕吳寬

來為東莊遊，還作東林宿。

林下扣禪扉，幽徑行自熟。

齋廚夜寂然，倦睡雜僧僕。

方床習趺坐，飲我一茶足。

坐久湯室溫，洗沐解塵服。

衲翁故延款，展畫更燒燭。

逶迤水上城，突兀月中屋。

夜靜風轉號，曠野有高木。

疏雨忽復來，春夢不可續。

端如紫極宮，百感入詩腹。

便當遊汗漫，安復事拘束。

晚歲返舊廬，為鄰豈須卜。

——吳寬：《家藏集》第 5 卷，第 6 頁，《欽定四庫全書》集部‧別集類，第 1255 冊，第 34 頁。

0680. 遊惠山入聽松庵觀竹茶爐

〔明〕吳寬

與客來嘗第二泉，山僧休怪急相煎。

結庵正在松風裏，裹茗還從穀雨前。

玉碗酒香揮且去，石床苔厚醒猶眠。

百年重試筠爐火，古杓爭憐更瓦全。

——吳寬：《家藏集》第 6 卷，第 8～9 頁，《欽定四庫全書》集部‧別集類，第 1255 冊，第 44～45 頁。

0681. 謝吳東潤惠悟道泉

〔明〕吳寬

　　成化己亥春，予偕李太僕貞伯遊東洞庭山，宿吳鳴翰宅。明日，偕過翠峰寺。寺有悟道泉，飲之甘美，相與題詩而去。今二十年矣。一日，鳴翰弟承翰使人舁巨甕以水見餉，予嘉其意，以詩謝之。於是太僕公與鳴翰皆物故矣。

試茶曾憶廿年前，抱甕傾來味宛然。

踏雪故穿東潤屐，迎風遙附太湖船。

題詩寥落懷諸友，悟道分明見老禪。

自愧無能為水記，遍將名品與人傳。

——吳寬：《家藏集》第 20 卷，第 11～12 頁，《欽定四庫全書》集部‧別集類，第 1255 冊，第 152～153 頁。

0682. 侄奕勺泉烹茶風味甚勝

〔明〕吳寬

碧甕泉清初入夜，銅爐火煖自生春。
具區舟楫來何遠，陽羨旗槍瀹更新。
妙理勿傳醒酒客，佳名誰與坐禪人。
洛陽城裏多車馬，卻笑盧仝半飲塵。

——吳寬：《家藏集》第 20 卷，第 12 頁，《欽定四庫全書》集部‧別集類，第 1255 冊，第 153 頁。

0683. 題王濬之茗醉廬

〔明〕吳寬

昔聞爾祖王無功，曾向醉鄉終日醉。
醉鄉茫茫不可尋，後世惟傳醉鄉記。
君今復作醉鄉遊，醉處雖同遊處異。
此間亦自有無何，依舊幕天而席地。
聊將七碗解宿酲，飲中別得真三昧。
茅廬睡起紅日高，書信先回孟諫議。
陸羽盧仝接跡來，仍請又新論水味。
不從衛武歌抑詩，初筵客散多威儀。
無功先生安得知，醉鄉從來分兩岐。

——吳寬：《家藏集》第 21 卷，第 11 頁，《欽定四庫全書》集部‧別集類，第 1255 冊，第 159～160 頁。

0684. 寄趙凡夫

〔明〕吳鼎芳

十里寒山路，香風正採茶。
偶隨樵客去，一到隱君家。

細語生清日，閒心托片霞。

別來湖水闊，秋色上蘋花。

——張豫章等編：《御選宋金元明四朝詩·御選明詩》第 64 卷，第 14
頁，《四庫全書》集部·總集類，第 1443 冊，第 603 頁。

0685. 前溪

〔明〕吳鼎芳

野風迎白衲，隨步已前溪。

落日在流水，遠山青不齊。

花寒聊自舞，鳥倦偶然啼。

何處茶煙起，漁舟繫竹西。

——張英：《御定淵鑒類函》第 33 卷，第 46 頁，《四庫全書》子部·
類書類，第 982 冊，第 773 頁。

0686. 遊寺寄統有宗集仲祥

〔明〕沐昂

出郭獨閒行，招提可散情。

雲來群壑暗，日下半川明。

靜院莓苔色，深林鳥雀聲。

新茶僧採得，更汲澗泉烹。

——沐昂：《滄海遺珠》第 2 卷，第 12 頁。《四庫全書》集部·總集
類，第 1372 冊，第 471 頁。

0687. 容春堂茶詠

〔明〕邵寶

一、春日懷僧知微

今雨山中未煮茶，僧房岑寂閉梅花。

雲心逐我俱無跡，草色逢春漸有涯。

林徑幾時松葉滿，洞門何處竹枝斜。

野人持贈青藜杖，欲向吟詩社裏誇。

——邵寶：《容春堂集·後集》第 12 卷，第 24 頁，《四庫全書》集部·別集類，第 1258 冊，第 372 頁。

二、奉次涯翁先生漫興〔註94〕

水調山中不用符，老僧仍挾古茶爐。

晚來送客前涇去，問道前涇月有無。

——邵寶：《容春堂集·後集》第 11 卷，第 6～7 頁，《四庫全書》集部·別集類，第 1258 冊，第 357 頁。

三、與客談竹茶爐二首

（一）

松下煎茶試古爐，濤聲隱隱起風湖。

老僧妙思禪機外，燒盡山泉竹未枯。

（二）

彭澤無弦浪撫琴，琅琊山水醉翁心。

漫將爐火論茶味，雲隱松庵午夢深。

——邵寶：《容春堂集》第 8 卷，第 7 頁，《四庫全書》集部·別集類，第 1258 冊，第 76 頁。

四、病起山行

半年病足懶登山，咫尺煙霞夢寐間。

再到欲題新歲月，相逢爭識舊容顏。

流過亂石清泉靜，飛盡浮雲翠壁間。

漫道坐來多渴思，一茶還待老僧還。

——邵寶：《容春堂集·後集》第 12 卷，第 5 頁，《四庫全書》集部·別集類，第 1258 冊，第 362 頁。

五、寒日懷臥雲上人用昌黎韻

病餘情緒還無賴，久擬臨泉洗宿埃。

〔註94〕此為《奉次涯翁先生漫興》之第二首。

載酒定須三宿返，送茶時復一僧來。

身從白日風時避，眼到青山雪處回。

為問西齋懸榻地，荒雲和葉幾堆堆。

——邵寶：《容春堂集·後集》第 12 卷，第 5 頁，《四庫全書》集部·
別集類，第 1258 冊，第 362 頁。

0688. 答葉東林

〔明〕汪麗陽

柴扉終日對雲關，何事遊人興未闌。

一榻枕泉眠竹影，茶煙初歇鶴聲殘。

——張豫章主編：《御選宋金元明四朝詩·御選明詩》第 114 卷，第 13
頁，《四庫全書》集部·總集類，第 1444 冊，第 768 頁。

0689. 送茶僧

〔明〕陸容

江南風致說僧家，石上清香竹裏茶。

法藏名僧知更好，香煙茶暈滿袈裟。

——張玉書：《御定佩文齋詠物詩選》第 244 卷，第 31 頁，《四庫全
書》集部·總集類，第 1433 冊，第 567 頁。

0690. 贈歐道士賣茶

〔明〕施漸

靜守黃庭不煉丹，因貧卻得一身閒。

自看火候蒸茶熟，野鹿銜筐送下山。

——張玉書：《御定佩文齋詠物詩選》第 244 卷，第 31 頁，《四庫全
書》集部·總集類，第 1433 冊，第 567 頁。

0691. 贈煎茶僧

〔明〕董其昌

怪石與枯槎，相將度歲華。

鳳團雖貯好，只吃趙州茶。

——清·陸廷燦：《續茶經》卷下之五，第 12 頁，《四庫全書》子部·
譜錄類，第 844 冊，第 777 頁。

0692. 題夏圭溪山清遠圖詩

〔明〕陳川

我家東南丘壑好，曲折雲林護危杪。

澗沙流水春自香，石楠碎葉秋如掃。

縛柴野橋松雨涼，鳴鐘破寺茶煙杳。

山椒茅亭如笠大，石腳漁舟似瓢小。

人家制度太古前，雞犬比鄰往還少。

酒杯吹香小店門，落日漁樵多醉倒。

六年不歸長夢見，白髮忘情負魚鳥。

晴窗見畫自摩挲，舊夢微茫今了了。

不知何處得此圖，覺我山居殊草草。

安得溪南寫石田，便攜妻子從茲老。

——朱彝尊：《明詩綜》第 16 卷，第 25 頁，《四庫全書》集部·總集
類，第 1459 冊，第 498 頁。

0693. 秋夕

〔明〕吳承恩

竹火煎茶寺，菱歌載酒航。

人間秋夕好，第一是錢唐。〔註95〕

——朱彝尊：《明詩綜》第 53 卷，第 39 頁，《四庫全書》集部·總集
類，第 1460 冊，第 301 頁。

0694. 酬張少府惠山僧茶

〔明〕林鴻

南風吹雪柳花飄，閨中佳人春夢饒。

〔註95〕「錢唐」當即今之「錢塘」。

白髮儒生未飽食，夜眠少困臥終朝。
清河縣官公事簡，憐我邇來愈疏懶。
手裹山僧石乳茶，題寄齋房豁書眼。
高枕蓬頭緘未開，毛骨颯颯秋風來。
相如漢賦八千字，懸河暗誦聲如雷。
山童急走汲井花，鐺裏龍涎鳴遠車。
千日醉魂來斷夢，五陵酒伴識還家。
為君一啜感君意，鳳髓龍脂世空美。
碧碗滄洲片片雲，金莖漢苑棱棱水。
朝來散步凌仙山，恍如輕舉碧蘿間。
九天若到須臾啜，何惜神君騎鶴還。

——林鴻：《鳴盛集》第 3 卷，第 15～16 頁，《四庫全書》集部·別集
類，第 1231 冊，第 48 頁。

0695. 和竹茶灶詩

〔明〕王紱

天地胚胎骨格幽，渭侯那作晉風流。
銀鐺煮月當晴夜，石鼎凝雲帶晚秋。
出處有時高士共，炎涼無間故人稠。
玉甌金碾相將久，擬待春風到雅州。

——曹學佺：《石倉歷代詩選》第 390 卷，第 25 頁，《四庫全書》集
部·總集類，第 1392 冊，第 260 頁。

0696. 竹茶爐為僧題

〔明〕王紱

僧館高閒事事幽，竹編茶具淪清流。
氣蒸陽羨三春雨，聲帶湘江兩岸秋。
玉杵夜敲蒼雪冷，翠屏晴引碧雲稠。
禪翁託此重開社，若個知心是趙州。

——曹學佺：《石倉歷代詩選》第 390 卷，第 25 頁，《四庫全書》集
部·總集類，第 1392 冊，第 260 頁。

0697. 雪夜凱師留宿戲贈

〔明〕王紱

自笑年將老，無繇斷愛憎。

閉門辭俗客，下榻待吟僧。

茶煮春氷溜，梅橫雪夜燈。

要能同此趣，京國許誰曾。

——王紱：《王舍人詩集》第 3 卷，第 13. 頁，《欽定四庫全書》集部·
別集類，第 1237 冊，第 122 頁。

0698. 題化城

〔明〕王守仁

僧屋煙霏外，山深絕世嘩。

茶分龍井水，飯帶石田砂。

香網雲嵐雜，窗高峰影遮。

林棲無一事，終日弄丹霞。

——《徑山志》第 10 卷，見杜潔祥主編：《中國佛寺史志彙刊》第 1
輯，第 31～32 冊，丹青圖書公司，1985 年，第 919 頁。

0699. 登憑虛閣和石少宰韻

〔明〕王守仁

山閣新春負一登，酒邊孤興晚堪乘。

松間鳴瑟驚棲鶴，竹裏茶煙起定僧。

望遠每來成久坐，傷時有涕恨無能。

峰頭見說連閶闔，幾欲排雲尚未曾。

——王守仁：《王文成全書》第 20 卷，第 24 頁，《四庫全書》集部·
別集類，第 1265 冊，第 571 頁。

0700. 夜坐徑山松源樓聯句

〔明〕王洪等

高燈喜雨坐僧樓，共話茶杯意更幽。（王洪）

萬丈龍潭飛瀑倒，五峰崔樹濕雲收。（王畿）

碑含御製侵苔碧，徑啟曇花拂曙秋。（王澍）

還擬凌霄好風月，海門東望大江流。（王沂）

——《徑山志》第 10 卷，見杜潔祥主編：《中國佛寺史志彙刊》第 1
輯，第 31～32 冊，丹青圖書公司，1985 年，第 914 頁。

0701. 題徑山

〔明〕陳調鼎

五十里程行未盡，千峰競起梵王家。

岩前瀑布濺晴雪，門對凌霄燦曉霞。

童子放泉敲碎竹，老僧留客煮新茶。

我來偶得山中趣，猶厭崎嶇石路賒。

——《徑山志》第 10 卷，見杜潔祥主編：《中國佛寺史志彙刊》第 1
輯，第 31～32 冊，丹青圖書公司，1985 年，第 949 頁。

0702. 同蘇更生宿徑山煮茶

〔明〕洪都

活火初紅手自燒，一鐺寒水沸松濤。

與君醒盡浮生夢，竹影半軒山月高。

——《徑山志》第 10 卷，見杜潔祥主編：《中國佛寺史志彙刊》第 1
輯，第 31～32 冊，丹青圖書公司，1985 年，第 946 頁。

0703. 和章水部沙坪茶歌

〔明〕楊慎

玉壘之關寶唐山，丹危翠險不可攀。

上有沙坪寸金地，瑞草之魁生其間。

芳芽春茁金鴉觜，紫筍時抽錦豹斑。

相如凡將名最的，譜之重見毛文錫。

洛下盧仝未得嘗，吳中陸羽何曾覓。

逸味盛誇張景陽，白兔樓前錦裏傍。

貯之玉碗薔薇水，擬以帝臺甘露漿。

聚龍雲，分麝月，蘇蘭薪桂清芬發。

參隅迢遞渺天涯，玉食何由獻金闕。

君作茶歌如作史，不獨品茶兼品士。

西南側陋阻明揚，官府神仙多蔽美。

君不聞夜光明月，投人按劍嗔。

又不聞擁腫蟠木，先容為上珍。

跋：往年在館閣，陸子淵謂予曰：「沙坪茶，信絕品矣！何以無稱於古？」
余曰：「毛文錫《茶譜》云：『玉壘關寶唐山，有茶樹懸崖而生，筍長
三寸五寸，始得一葉兩葉。』晉張景陽《成都白兔樓》詩云：『芳茶
冠六清，逸味播九區。』此非沙坪茶之始乎？」

——楊慎：《升菴集》第 39 卷，第 4～5 頁，《四庫全書》集部·別集
類，第 1270 冊，第 267 頁。

0704. 追次王友石中舍竹茶爐韻

〔明〕莫止

著眼山中茗具幽，自應題品屬名流。

身經宿火三千劫，骨透清風一段秋。

錐不入尖摶土密，鬼難施巧織筠稠。

若窮衣缽傳來處，直自銷金象九州。

——曹學佺：《石倉歷代詩選》第 502 卷，第 9～10 頁，《四庫全書》
集部·總集類，第 1394 冊，第 235～236 頁。

0705. 次韻匏庵學士題復竹茶爐卷

〔明〕莫止

剪竹攢爐為品泉，泉清惟稱露芽煎。

常於學士幽人側，更在孤猿落月前。

失腳誤投金帳去，灰心曾伴玉瓶眠。

石頭舊路誰云滑，自喜歸來色相全。

——曹學佺：《石倉歷代詩選》第 502 卷，第 10 頁，《四庫全書》集
部·總集類，第 1394 冊，第 236 頁。

0706. 蕉石軒

〔明〕文嘉

太湖石畔種芭蕉，色映軒窗碧霧搖。

瘦骨主人清似水，煮茶香透竹間橋。

——文洪：《文氏五家集》第 9 卷，第 6 頁，《四庫全書》集部‧總集類，第 1382 冊，第 533 頁。

0707. 夢遊洪山寺

〔明〕管時敏

不到東岩閣，重來又一年。

無緣能離俗，有夢只棲禪。

客坐茶香裏，僧行竹影邊。

夕陽天未晚，幽思滿歸韉。

——管時敏．《蚓竅集》第 3 卷，第 3 頁，《四庫全書》集部‧別集類，第 1231 冊，第 618 頁。

0708. 春日山行

〔明〕黃淳耀

陰岩怒石如噴雪，處處山家覆松葉。

古藤三月齊作花，瘦樹短垣村幾折。

山僧採茶亦種松，松籟茶香一室中。

坐來日淡風亦淡，颯然萬壑攢獰龍。

渡溪越嶺殊衰衰，山頭猿鶴時相引。

潭雲空碧人影稀，勝賞未窮行遂歸。

——黃淳耀：《陶庵全集》第 17 卷，第 12 頁，《四庫全書》集部‧別集類，第 1297 冊，第 826 頁。

0709. 竹茶爐卷

〔明〕程敏政

惠山聽松庵有王舍人孟端，竹茶爐既亡而復，秦太守廷韶嘗求予詩。後

予過惠山，庵僧因出此爐，吟賞竟日。蓋十餘年矣。觀吳同寅原博及虞舜臣
倡和卷，慨然興懷，輒繼聲其後，得二章。

一

新茶曾試惠山泉，拂拭筠爐手自煎。
擬置水符千里外，忽驚詩案十年前。
野僧暫挽孤帆住，詞客遙分半榻眠。
回首舊遊如昨日，山中清樂羨君全。

二

細結湘筠煮石泉，虛心寧復畏相煎。
巧形自出今人上，清供曾當古佛前。
可配瓦盆簝玉注，絕勝金鼎護砂眠。
長安詩社如相續，得似軒轅句渾全。

——程敏政：《篁墩文集》第 74 卷，第 22 頁，《四庫全書》集部·總
集類，第 1253 冊，第 548 頁。

0710. 題南宋陳樞長江萬里圖

〔明〕程敏政

一

曾聽江聲過海門，眼中忽見舊濤痕。
山崩岸圻知多少，獨有中流砥柱存。

二

萬里沉沉水拍天，詩人猶記夜鳴舷。
醉來直上金山寺，酌取中泠第一泉。

——程敏政：《篁墩文集》第 74 卷，第 22 頁，《四庫全書》集部·總
集類，第 1253 冊，第 548 頁。

0711. 竹茶爐次吳原博論德韻

〔明〕楊守址

渭濱蒼翠隔雲泉，誰取編排事茗煎。
鳳閣舍人工創物，秋靈公子巧模前。

火紅松葉湯初沸，月白桃花客未眠。

飲罷雪香三弄笛，閒中清趣自天全。

——曹學佺：《石倉歷代詩選》第 428 卷，第 12 頁，《四庫全書》集
　　部‧總集類，第 1392 冊，第 680 頁。

0712. 晚步缽盂庵〔註96〕

〔明〕曹延生

何處松濤湧，禪棲掛斷霞。

談經花是雨，乞食缽為家。

澗險支危石，橋崩礙古槎。

茶鐺知幾沸，歸路暮煙斜。

——明‧錢邦纂，清‧范承勳增補：《雞足山寺志》第 10 卷‧藝文，
　　見杜潔祥主編：《中國佛寺史志彙刊》第 3 輯第 1 冊《雞足山志》，
　　丹青圖書公司，1985 年，第 763 頁。

0713. 古雪齋看山茶

〔明〕陳大猷

名山雖浪跡，四海已無家。

幸有鵬遊好，來看野寺花。

高枝低夕照，叢萼帶晴霞。

怪殺寒梅瘦，當春豔已賒。

——明‧錢邦纂，清‧范承勳增補：《雞足山寺志》第 10 卷‧藝文，
　　見杜潔祥主編：《中國佛寺史志彙刊》第 3 輯第 1 冊《雞足山志》，
　　丹青圖書公司，1985 年，第 764 頁。

0714. 秋夜試茶

〔明〕馮時可

靜院涼生冷燭花，風吹翠竹月光華。

〔註96〕原題標為「前題」，即「與前一首同題」，其「前題」為大錯和尚之《晚步缽
　　盂庵》，故校錄。

悶來無伴傾雲夜，銅葉閒嘗紫筍茶。

——張豫章主編：《御選宋金元明四朝詩・御選明詩》第 110 卷，第 15 頁，《四庫全書》集部・總集類，第 1444 冊，第 684 頁。

0715. 傳衣寺

〔明〕謝肇淛

竹林凝翠雨花飛，路轉空山客到稀。

西域歸時猶有履，南宗傳後更無衣。

門臨松澗濤初落，風揚茶煙露未晞。

芍藥送香鸚鵡語，禪心何處不忘機。

——明・錢邦纂，清・范承勳增補：《雞足山寺志》第 10 卷・藝文，見杜潔祥主編：《中國佛寺史志彙刊》第 3 輯第 1 冊《雞足山志》，丹青圖書公司，1985 年，第 791 頁。

0716. 夏日獅林小憩

〔明〕曾化龍（潛庵）

六月寒生只樹林，尋幽誰問薛蘿湲。

木魚聲遠傳清梵，茶灶煙濃避野禽。

一徑草花添客思，半潭雲影弄秋陰。

夕陽欲下不歸去，梧竹涓涓露滿襟。

——明・錢邦纂，清・范承勳增補：《雞足山寺志》第 10 卷・藝文，見杜潔祥主編：《中國佛寺史志彙刊》第 3 輯第 1 冊《雞足山志》，丹青圖書公司，1985 年，第 820 頁。

0717. 題掃雪煎茶圖

〔明〕王立道

一

素質漸淪浮蟹眼，綠塵初淪映娥眉。

一杯漱入枯腸裏，尚憶思成禪詔時。

二

由來風味此中憂，翻為羊羔錦帳羞。

不如僵臥蓬廬者，自是名臣第一流。

——王立道：《具茨詩集》第 5 卷，第 27 頁，《四庫全書》集部·別集
類，第 1277 冊，第 719 頁。

0718. 題潯陽送客掃雪烹茶二小畫

〔明〕顧清

一

一曲琵琶月滿船，蝦蟆陵下玉生煙。

江州便作天涯念，更有潮陽路八千。

二

蘭苕無計續鸞膠，雪水重逢錦帳羔。

合與詩家作談柄，老韓謀國木應高。

——顧清：《東江家藏集》第 13 卷，第 9 頁，《四庫全書》集部·別集
類，第 1261 冊，第 453 頁。

0719. 酌悟道泉

〔明〕王寵

名泉真乳穴，滴滴滲雲膚。

白石支丹鼎，青山調水符。

靈仙餐玉法，人世獨醒徒。

長嘯千林竹，清風來五湖。

注：翠峰禪寺在莫釐峰之陰，唐將軍席溫捨宅置。《蘇州志》云：「宋初
明覺顯禪師住茲山說法，時有龍出井，羅漢亦隱樹而聽，寺有悟道
泉。」

——錢穀：《吳都文粹續集》第 33 卷，第 41 頁，《四庫全書》集部·
總集類，第 1386 冊，第 123 頁。

0720. 遊翠峰寺

〔明〕徐禎卿

香燈閒照古堂虛，日午桐陰上井遲。

嘗橘客求藏甕法，煮茶僧乞啜泉詩。

聽經猶剩當年鹿，好事誰摹宿草碑。

陳跡半銷何處問，令人空憶翠峰師。

——錢穀：《吳都文粹續集》第 33 卷，第 40 頁，《四庫全書》集部·
總集類，第 1386 冊，第 123 頁。

0721. 煎茶圖

〔明〕徐禎卿

惠山秋淨水泠泠，煎具隨身挈小瓶。

欲點雲腴還按法，古藤花底閱茶經。

——張豫章主編：《御選宋金元明四朝詩·御選明詩》第 170 卷，第 11
頁，《四庫全書》集部·總集類，第 1443 冊，第 603 頁。

0722. 茶煙

〔明〕瞿祐

濛濛漠漠更霏霏，淡抹銀屏冪講帷；

石鼎火紅詩詠後，竹爐湯沸客來時；

雪飄僧舍衣初濕，花落舴艋鬢已絲；

惟有庭前雙白鶴，翩然趨避獨先知。

——張玉書：《御定佩文齋詠物詩選》第 223 卷，第 3 頁，《四庫全書》
集部·總集類，第 1433 冊，第 311 頁。

0723. 陸羽烹茶圖 〔註 97〕

〔明〕張以寧

閱罷茶經坐石苔，惠山新汲入瓷杯。

〔註 97〕題李文則畫陸羽烹茶。

高人慣識人間味，笑看江心取水來。

——陳邦彥：《御定歷代題畫詩類》第 40 卷，第 15 頁，《四庫全書》
集部·總集類，第 1435 冊，第 503 頁。

0724. 遊招隱洞訪戀修禪師

〔明〕范鳳翼

支筇撥將煙路，信步誤入雲堆。

獸窟今來佛窟，書臺本自香臺。

山高不惹塵坌，境僻自隔囂豗。

玉蕊泉宜枕藉，袈裟地費穿裁。

下舂樵斧未歇，上界經磬方催。

紅葉漫天花雨，碧峰拔地蓮開。

垂柏清影可憩，蹲鴟膩粉堪煨。

焚香粗具松果，瀹茗旋爇秋荄。

愛此維摩十笏，可容徵士三杯。

——張豫章主編：《御選宋金元明四朝詩·御選明詩》第 118 卷，第 17
頁，《四庫全書》集部·總集類，第 1444 冊，第 848 頁。

0725. 閒興

〔明〕文徵明

蒼苔綠樹野人家，手卷爐薰意自嘉。

莫道客來無供設，一杯陽羨雨前茶。

——文徵明：《甫田集》第 15 卷，第 3 頁，《四庫全書》集部·別集
類，第 1273 冊，第 55 頁。

0726. 同王履約過道，復東堂，時雨後牡丹狼藉，存葉底一花，感而賦詩，邀道復履約同作

〔明〕文徵明

推脫塵緣意緒佳，沖泥先到故人家。

春來未負樽前笑，雨後猶餘葉底花。

矮紙凝霜供小草，淺甌吹雪試新茶。

——文徵明：《甫田集》第 5 卷，第 1 頁，《四庫全書》集部·別集類，第 1273 冊，第 36 頁。

0727. 夏日閒居

〔明〕文徵明

門巷幽深白日長，清風時灑玉蘭堂。

粉牆樹色交深夏，羽扇茶甌共晚涼。

病起經時疏筆研，晏居終日懶衣裳。

偶然無事成偷惰，不是棲遲與世忘。

——文徵明：《甫田集》第 8 卷，第 5～6 頁，《四庫全書》集部·別集類，第 1273 冊，第 58 頁。

0728. 鄭太吉送慧泉試吳大本寄茶

〔明〕文徵明

醉思雪乳不能眠，活火砂瓶夜自煎。

白絹旋開陽羨月，竹符新汲惠山泉。

地爐殘雪貧陶穀，破屋清風病玉川。

莫道年來塵滿腹，小窗寒夢已醒然。

——文洪：《文氏五家集》第 6 卷，第 7 頁，《四庫全書》集部·總集類，第 1382 冊，第 471 頁。

0729. 法華寺

〔清〕曾源昌

路轉幽篁裏，逶迤匝淺苔。

刺桐將合抱，香樣未成胎。

樓聳懸鍾鼓，庭荒闢草萊。

燒檀飄戶外，啼鳥傍林隈。

離德昭金殿，禪心悟劫灰。

雖多收敗葉，漸欲變枯荄。

觀射亭猶在，息機人未回。

無心溪水去，有意野雲來。

殘蕊風輕剪，寒爐火欲煤。

村煙空處渡，野色望中開。

誰展揮毫手？同傾瀹茗杯。

猶遲辭丈室，相顧兩無猜。

　　——《嘉慶續修臺灣縣志》第 8 卷・藝文，見《中國地方志集成・臺
　　　灣府縣志輯三》，上海書店出版社，1999 年，第 602 頁。

0730. 法華寺

〔清〕王名標

野寺鐘初起，香臺竹半遮。

松陰堪繫馬，徑曲不容車。

吠客穿籬犬，窺人隱樹鴉。

老僧談妙諦，古佛坐蓮花。

何處尋夢蝶？還來問法華。

樓高雲未散，山靜日將斜。

園木生佳果，齋廚煮素茶。

徘徊憐景色，歸路繞煙霞。

　　——《嘉慶續修臺灣縣志》第 8 卷・藝文，見《中國地方志集成・臺
　　　灣府縣志輯三》，上海書店出版社，1999 年，第 603 頁。

0731. 彌陀寺

〔清〕張湄

宦跡重溟外，遊情半日閒。

妙香禪室靜，灌木鳥音蠻。

種葉常書偈，留雲早掩關。

稍聞烹水法，容我坐苔斑。

何必遠城郭？已空車馬塵。

因心川共逝，觸指月如輪。

客愧乘槎使，僧兼賣卜人。

他時期再訪，幽夢或通津。

——《嘉慶續修臺灣縣志》第 8 卷·藝文，見《中國地方志集成·臺灣府縣志輯三》，上海書店出版社，1999 年，第 570～571 頁。

0732. 煮茶

〔清〕彭孫遹

空階風雨近殘年，寒擁枯爐當品泉。

狂興未須千日酒，野情自燒一溪煙。

遙遙澗水來天外，謖謖松風到枕邊。

短褐不煩遊客訪，山人新著毀茶篇。

——彭孫遹：《松桂堂全集》第 4 卷，第 18 頁，《四庫全書》集部·別集類，1317 冊，第 64 頁。

0733. 七言詩

〔清〕鄭板橋

不風不雨正晴和，翠竹亭亭好節柯。

最愛晚涼佳客至，一壺新茗泡松蘿。

——鄭板橋《七言詩》。

0734. 書七絕十五首長卷

〔清〕鄭板橋

茶香酒熟田千畝，雲白山青水一灣。

若是老天容我懶，莫年來共白鷗閒。

——鄭板橋書《書七絕十五首長卷》第七。

0735. 家兗州太守〔註98〕贈茶

〔清〕鄭板橋

頭綱八餅建溪茶，萬里山東道路賒。

〔註98〕太守即鄭方坤。

此是蔡丁天上貢，何期分賜野人家？

——《鄭板橋集》之詩鈔，國學整理社整理，國家圖書館藏版，1935
年，第 126 頁。

0736. 袁屋吾留都

〔清〕張問陶

古寺垂簾語寂寥，禪茶僧飯暮蕭蕭。
似曾離別情俱幻，重語家山夢轉遙。
綠鬢不辭同作客，黃花有約定相邀。
遠遊日月堂堂去，珍重流年最易銷。

——張問陶：《船山詩草》第 2 卷，天津圖書館藏清末經文堂刻 8 冊
本，第 1 冊，第 18 頁。

0737. 靈泉寺僧樓

〔清〕張問陶

重登東嶺看斜暉，新敞僧樓碧四圍。
丘壑無奇山自好，人民猶是佛全非。
禪茶漸熟三泉活，社雨初晴一燕飛。
世外高寒宜寫照，小桃花底白雲歸。

——張問陶：《船山詩草》第 7 卷，天津圖書館藏清末經文堂刻 8 冊
本，第 3 冊，第 12 頁。

0738. 瑞庵居士小照

〔清〕張問陶

小立如參不語禪，圖形何必羨凌煙。
茶香也覺三關透，箭去曾教七紮穿。
殘墨尚看魚踊躍，潔衣只許鶴盤旋。
回光暗數心頭佛，百八牟尼字字願。

——張問陶：《船山詩草》第 19 卷，天津圖書館藏清末經文堂刻 8 冊
本，第 8 冊，第 13 頁。

0739. 潮州春思

〔清〕丘逢甲

曲院春風啜茗天，竹爐攬炭手親煎。

小砂壺淪新鷦咀，來試湖山處女泉。

——丘逢甲：《嶺雲海日樓詩鈔》第 4 卷，見周憲文等編《臺灣文獻叢刊》第 70 種，第 62 頁。

0740. 茶山觀

〔清〕丘逢甲

雲中雞犬聲，仙家在何處？

一逕入雲深，落日攜筇去。

——丘逢甲：《嶺雲海日樓詩鈔》第 13 卷，見周憲文等編《臺灣文獻叢刊》第 70 種，第 269 頁。

0741. 過雙林寺

〔清〕湯右曾

高柳鳴蟬已到門，小橋雨壞晝昏昏。

茶香一勺知新味，鴻爪何年識舊痕。

乍落槐花秋夢冷，自翻荷葉午風喧。

癡人未用癡相惜，寶帶華縷一笑論。

——湯右曾：《懷清堂集》第 4 卷，第 2 頁。《四庫全書》集部·別集類，第 1325 冊，第 466 頁。

0742. 登角山寺

〔清〕湯右曾

石磴千盤上，松濤絕頂聞。

四虛風縹緲，大海氣氤氳。

黯黯蜃成市，飄飄鶴出群。

老僧茶話久，階下已生雲。

——湯右曾：《懷清堂集》第 12 卷，第 16 頁，《四庫全書》集部·別集類，第 1325 冊，第 555 頁。

0743. 雨後

〔清〕湯右曾

膏乳爭流野勸耕，濃雲旋卷晚還晴。

萬家燈火常依塞，四面煙嵐盡繞城。

泥滑過門知客少，茶香入院愛泉清。

夜闌一枕伊涼夢，喚起檀槽鐵撥聲。

——湯右曾：《懷清堂集》第 15 卷，第 1 頁，《四庫全書》集部·別集類，第 1325 冊，第 574 頁。

0744. 曉過曲水庵

〔清〕汪還仁

侵晨尋梵放，隔竹啟僧扉。

岸曲溪痕見，林疏山氣微。

茶香來坐具，梅影上行衣。

漫作重遊計，高閒不擬歸。

——厲鶚：《樊榭山房集》第 5 卷，第 3 頁，《四庫全書》集部·別集類，第 1328 冊，第 199 頁。

0745. 茗齋茶詩

〔清〕彭孫貽

一、坐了公禪榻得句

詞客秋多渴，僧僚乞施茶。

懶雲眠屋角，殘暑避林瓜。

荷氣知衣冷，窗陰笑竹嘩。

無煩費酬應，隱几注南華。

——彭孫貽：《茗齋集》卷首，第 22 頁，《四部叢刊·續編》集部·別集類，第 453 冊。注：《茗齋集》收於《四部叢刊·續編》第 453 ～486 冊（共 34 冊 23 卷，計卷首則 24 卷），以下各卷所錄，僅注明所在卷數及卷中頁碼，按此即可查閱出處。

二、金粟寺〔註99〕

客來正及罷參時，詩和寒山共鬥奇。
得句拈花題壁觀，吃茶烹雨供天池。
法堂鍾鼓惺長寂，彼岸津梁禮大慈。
傳取曇謨微妙義，東方亦自有流支。

——《茗齋集》卷首，第 28 頁。

三、坐了公禪榻

暫來蹤自遠，苔齒印蒼泥。
竹榻凝香坐，山禽隔磬啼。
醉茶桐影下，展畫草窗西。
何可無佳句，新蕉剝舊題。

——《茗齋集》第 2 卷，第 44 頁。

四、尋僧一勺庵
其一

野寺尋僧簡送迎，殘梅籬落伴經行。
軍持淨水龍腥盡，高座胡藤壽瘻成。
春漲到門花不落，孤松倚澗石忘情。
上堂禮佛渾無著，鷓鴣千聲磬一聲。

其二

古樹疏林半有花，槿籬密繞野人家。
放參遊屐行拈杖，出定山僧喚點茶。
得句正書藏梵夾，監廚洗鉢飯胡麻。
遊蹤冷後栴檀熱，應悔聽鶯赴柳衙。

——《茗齋集》第 3 卷，第 19 頁。

五、過西林精舍
其二

齋廚客至報林鴉，青草池塘未鼓蛙。

〔註99〕《金粟寺》共五首，此其五。

竹榻閒投摩詰座，松風已熟茶州茶。
枯禪不寐因搜句，綺障難消為惜花。
潦倒伯倫休荷鍤，無生共宿梵王家。

——《茗齋集》第 3 卷，第 21 頁。

六、元次旦次許山人雲公韻

元日微陰未覺春，好風為掃陌頭塵。
山童拾葉供茶灶，野衲尋詩到水濱。
不廢應酬惟韻友，尚耽筆石亦勞人。
周妻何肉俱為累，擬逐黃冠訪季真。

——《茗齋集》第 3 卷，第 45 頁。

七、灌園四首和李潛夫先生
其三

詩不能仙酒不禪，於陵寂寞亦翛然。
月高螢火三更夜，露白荒雞十里天。
添土竹陰深護筍，放生荷沼少栽蓮。
澆花井畔松鐺熟，揮碗何須問品泉。

——《茗齋集》第 3 卷，第 63～64 頁。

八、烹第二泉

焚香掃地眠，寥寥悟禪月。
悅汲月上槍，松風響秋雪。

——《茗齋集》第 3 卷，第 69 頁。

九、甘露寺北軒夜坐用唐人韻
其一

登眺極幽深，江山入苦吟。
度林鍾颯颯，濕露月涔涔。
鶴語傳羈思，爐香斂道心。
遊蹤無去住，野衲莫招尋。

其二

浪跡久忘名，雲林卻有情。
堂空依佛靜，句穩繞燈行。
茶鼎潮吹雪，風軒竹和笙。
塵襟知久滌，蕭瑟聽江聲。

——《茗齋集》第 3 卷，第 15 頁。

十、湯山

落木風高海氣清，林僧送客少將迎。
坐深澹霧衣前出，茶罷寒潮竹外鳴。
衰草亂山餘戰壘，夕陽千里見荒城。
天涯無限傷秋色，已分漁樵過此生。

——《茗齋集》第 3 卷，第 43 頁。

十一、過僧舍飲徑山茶

紙窗茅屋日西斜，閒坐僧房乞施茶。
歸路不知山月上，滿天風葉未棲鴉。

——《茗齋集》第 4 卷，第 61 頁。

十二、宿淨嚴庵示磐石上人

其四

經行隨老衲，深坐隱寒灰。
僧出茶煙冷，花殘佛院開。
齋留施禽飯，□惜印階苔。
不寐觀群妄，蕭條夜梵哀。

——《茗齋集》第 5 卷，第 36 頁。

十三、語溪

女陽亭下日初低，小艇沿洄過語溪。
戰後荒城聞畫角，雨餘芳草墜棠梨。
煙波歲月孤帆外，蔬筍山家十□西。

便著輕蓑放船去，採茶僧出暮猿啼。

——《茗齋集》第 6 卷，第 52 頁。

十四、和子服自云樓歸遊虎跑泉用東坡壁間韻

其一

遙禮名山有瓣香，羨君塵外得清涼。

行經石甃龍湫冷，定入溪風虎嘯長。

皓月三人成一笑，黃花半偈問諸方。

前身應是東坡老，槐火寒泉試更嘗。

其二

秋殘黃菊未飛香，夜臥寒山白袷涼。

伏虎道場雲樹合，雪堂題壁薜蘿長。

澄潭月出空群品，退院花深隱上方。

此際塵襟更無染，僧僚茶到不須嘗。

——《茗齋集》第 6 卷，第 70 頁。

十五、卞山僧談山之勝欣然未能一往短歌懷之

昔泛白蘋洲，未到雲深處。

今遇卞山僧，遙指雲中樹。

卞山處處皆白雲，千峰萬峰雲不分。

白雲回合即山寺，僧在亂雲堆裏睡。

脩篁蔽天虧日月，香茗流泉隱仁智。

霅溪南下合苕溪，百里蒼蒼猿一啼。

我欲尋僧採茶去，更入此峰西更西。

——《茗齋集》第 7 卷，第 36～37 頁。

十六、茅庵雙井

誅茆秦徑塢，鑿翠潤幽軒。

到此已塵絕，何當更滌煩？

雙龍穿石髓，一錫迸泉痕。

且住吃茶去，風鈴詎足論。

——《茗齋集》第 7 卷，第 53 頁。

十七、初秋過冰衲上人山房

　　殘暑微涼，與子服弟同過塔院，息陰水閣上。閣三面臨流，脩篁林樾，隱翳清溪，環檻奇石，窺牖坐久，炎氛頓盡。煮茗觀詩，殊忘身在人境也。歸坐空齋綠陰下，作詩三章紀之。〔註100〕

　　微涼過塔院，曲徑得幽尋。
　　虛閣含疏樾，風泉帶石林。
　　論詩紅日冷，煮茗白雲深。
　　不到塵氛外，寧知出世心。

　　——《茗齋集》第 7 卷，第 53 頁。

十八、蓮大師竹窗二首

其一

　　丈室脩真地，千秋選佛場。
　　傳心留只履，行腳有繩床。
　　僧臘慈篁老，頭陀忍草長。
　　方袍遺軌在，清磬滿山堂。

其二

　　山窗依舊好，庭竹更參差。
　　松古移天目，林空叫畫眉。
　　威儀鳴磬肅，清苦吃茶宜。
　　試問諸仁者，應參念佛誰？

　　——《茗齋集》第 7 卷，第 61～62 頁。

十九、旅庵尋古峰上人，雲雪濤長老在其舍，他出遂不遇。古峰烹林筍點茗，食飽乃題壁

　　相尋逢所憶，乞食又山城。
　　花盡月將杪，坐深潮始生。
　　樵風過梵唄，鳥跡點經行。
　　一飽春林雨，清機縱復橫。

　　——《茗齋集》第 7 卷，第 67 頁。

〔註100〕此處反錄與茶關係較緊密的一首。

二十、梅庵時結構未畢

荒庵夕陽會，桑柘掩紆斜。

高座尊無佛，枯梅倒著花。

蛙池寂清磬，龍雨洗塵沙。

客坐胡床久，山僧謂吃茶。

——《茗齋集》第 7 卷，第 68 頁。

二十一、三昧庵一椽未竟，荒落可念，僧為燒茗，追留客，因謝其意

綴薜竟茅屋，物閒僧未閒。

為余起燒茗，相送遠柴關。

罷飯眾禽去，安禪亂冢間。

躊躇苦空境，歎息過前山。

——《茗齋集》第 7 卷，第 68 頁。

二十二、偶成

山童負薪去，未歸日已午。

自起拾枯松，烹茶煮春雨。

——《茗齋集》第 8 卷，第 39 頁。

二十三、青龍泉

龍臥泉泓澄，龍起泉淫溮。

莫問青龍疏，你且吃茶去。

——《茗齋集》第 8 卷，第 41 頁。

二十四、聖義泉

山水自空生，聖諦亦不二。

溪聲松風聲，誰是第一義。

——《茗齋集》第 8 卷，第 41 頁。

二十五、金液泉

山泉本無心，隨眾所欣悅。

若作多寶名，眼中亦金屑。

——《茗齋集》第 8 卷，第 41 頁。

二十六、過默庵懷孤雲圓明無聲三老
其三
問疾維摩室，相攜坐落花。
草香薰戒貝，苔摺印袈裟。
竹院無留偈，松僚罷施茶。
闍黎何處問，客到有啼鴉。

——《茗齋集》第 9 卷，第 44～45 頁。

二十七、白雲庵訪衲山長老
已到白雲外，寧知在白雲。
林深人不見，松下獨逢君。
風定茶煙聚，天空鳥語聞。
岩花開未遍，秋思正紛紛。

——《茗齋集》第 9 卷，第 47 頁。

二十八、題崇福庵惠生僧院壁
其一
踏青遍郊原，聊為春光住。
山僧笑相逢，你且吃茶去。
其二
石鼎發茶香，齋廚筍初熟。
明朝山雨來，減卻半林綠。

——《茗齋集》第 9 卷，第 69 頁。

二十九、放鶴洲〔註101〕
籬落遮樵徑，林扉纏古藤。
入門唯見竹，掃葉忽逢僧。

〔註101〕《放鶴洲》共四首，此錄其二。

茶氣生殘灶，波光動採菱。

漁家堤柳外，落日掛魚罾。

——《茗齋集》第 10 卷，第 16 頁。

三十、永福寺訪友不遇

曲巷尋禪窟，相攜訪寓公。

紅塵連屐外，白日閉門中。

僧律三衣雪，茶香一院風。

何為困行役，溝水各西東。

——《茗齋集》第 10 卷，第 19～20 頁。

三十一、過崇福庵

其一

背郭尋芳至，芒鞋信所之。

山寒因雨甚，花減覺春遲。

世事逢僧盡，幽情啜茗知。

琅玕數行字，刻遍最高枝。

——《茗齋集》第 11 卷，第 47～48 頁。

三十二、戲題旅庵僧房壁

其三

老僧行腳遍天涯，手卷攜看坐落花。

共話雲山過亭午，竹爐幾沸雨前茶。

——《茗齋集》第 12 卷，第 66 頁。

三十三、與粒粟庵靜公同訪龍文鑒公

吾家老尼父，博學尚默識。

於其所不知，蓋以闕如貴。

刪定百家言，筆削去其偽。

粲然立大經，義取於眾著。

孟軻不信書，智辯乃莫二。

皋夔稷卨時，誦讀者何事。
奈何子雲等，耽癖以為嗜。
沉博擅雕蟲，不恥美新句。
荊公尚古學，以此亂宋世。
明室有新都，藏書奪中秘。
及其論大禮，不如兩張桂。
大道如日月，昭昭眉睫際。
著衣與吃飯，豈必尚奇異。
況此竺乾言，飛鴻跡偶寄。
三藏十二部，本來無一字。
阿難大總持，見斥飲光輩。
聰達不足恃，忽悟而悲涕。
大士乃西來，文字掃一切。
知公有神悟，早已超義諦。
能以迅機鋒，破彼眾疑滯。
於今知解流，紛紛詞說費。
多才為道累，口耳作三昧。
畏公牆壁堅，捲舌收其銳。
慚餘亦夏蟲，未識冰雪意。
與師相觸發，豁達窺翻器。
不離文字禪，頓入三摩地。
生天與成物，總非第一義。
不如兩忘言，是真見師利。
桂花落閒階，香乃在衣袂。
吾無隱乎爾，你且吃茶去。
　　──《茗齋集》第 12 卷，第 19 頁。

三十四、首春過密庵訪東明禪師
風急春城外，晴雲海氣寒。
相攜龐蘊去，一詣懶融看。
松火生煨芋，茶香泛握蘭。

繩床話雙徑，繚繞白雲端。

——《茗齋集》第 12 卷，第 48 頁。

三十五、訪虛白上人

其一

聞說虛公久，幽棲得暫過。

經行盡林樾，氣候尚清和。

塵事此中冷，孤蹤一缽多。

茅茨聊隱翳，疏懶奈公何。

其二

到處名山滿，山僧不住山。

寧知把苑地，自足遠人間。

燒茗春潮上，參禪鳥語間。

何煩公說法，聽水自潺潺。

——《茗齋集》第 13 卷，第 53～54 頁。

三十六、秦山僧送新茗作

牡丹花落客初回，歸即呼童滌茗杯。

第二泉烹剛正熟，茅庵恰送乳芽來。

——《茗齋集》第 14 卷，第 44 頁。

三十七、通州勝教院僧房始見紫菊一枝

停舟潞水客思家，閒叩僧僚訪菊花。

鬢裏飛霜催客老，勞生虛乞趙州茶。

——《茗齋集》第 17 卷，第 71 頁。

三十八、過藏琳上人竹林不遇

不見僧亦可，我來因此君。

聽然風外笑，萬個靜中聞。

秋色先紅樹，茶煙上白雲。

歸途逐黃犢，驚起鹿麑群。

——《茗齋集》第 18 卷，第 49 頁。

三十九、試徑山新茗

徑山新茗清春容，何人魯到凌霄峰。
採茶僧至爭入市，開籠青翠涵襟胸。
今年雨足茶倍好，松蘿論擔賤於草。
世人貴賤不貴佳，大碗濃添苦芽老。
呼童為煮錫山泉，活火微薪松韻早。
獅山石瀨常苦肥，入手輕清始悟非。
何時策杖到雙徑，日日僧寮飽翠微。

——《茗齋集》第 20 卷，第 53 頁。

四十、竹魚莊四首和姑蘇晦岩上人
其三

野色來山翠，幽篁界水田。
廚煙飯菰米，茶灶足憨泉。
拾得為丁力，漁蠻給渡船。
萬花莊外徑，此地不談禪。

——《茗齋集》第 20 卷，第 63 頁。

0746. 南嶽摘茶詞十首

〔清〕王夫之

一

深山三月雪花飛，折筍禁桃乳雀饑。
昨日剛傳過穀雨，紫茸的的賽春肥。

二

濕雲不起萬峰連，雲裏聞他笑語喧。
一似洞庭煙月夜，南湖北浦釣魚船。

三

晴雲不採意如何，帶雨掠雲摘倍多。
一色石薑葉笠子，不須綠簑襯青蓑。

四

一槍才展二旗斜，萬簇綠沈間五花。
莫道風塵飛不到，鞠尖隊隊滿洲靴。

五

瓊尖新炕鳳毛毽，玉版兼蒸龍子胎。
新化客遲六峒遠，明朝相趁出城來。

六

小築團瓢乞食頻，鄰僧勸典半畦春。
償他監寺幫官買，剩取篩餘幾兩塵。

七

丁字床平一足雄，踏雲穩坐似凌空。
商羊能舞晴天雨，底用勞勞百腳蟲。

八

清梵木魚暫放鬆，園園鋸齒綠陰濃。
揉香接翠三更後，剛打烏啼半夜鐘。

九

山下秧爭韭葉長，山中茶寶馬蘭香。
逐隊上山收晚茗，柰他布穀為人忙。

十

沙彌新學唱皈依，板眼初清錯字稀。
貪聽姨姨採茶曲，家雞又逐野鳧飛。

　　──王夫之：《船山遺書》第 49 卷，《四部叢刊·初編》集部·別集類，
　　　　第 1619 冊，《撰薑齋詩文集》第 11 卷，第 37～38 頁。

0747. 泊儲潭廟

〔清〕顧嗣立

儲山轉蒼翠，儲水一泓清。
茶戶煙中語，秧田雨後耕。
雙江明夕照，孤塔倚春城。

宴坐且為樂，風灘浪已平。

——謝旻：《江西通志》第 153 卷，第 37 頁，《四庫全書》史部·地理
類，第 518 冊，第 539 頁。

0748. 御賜武夷芽茶恭記

〔清〕查慎行

幔亭峰下御園旁，貢入春山採焙鄉。

曾向溪邊尋粟芽，卻從行地賜頭綱。

雲蒸寸潤成仙品，器潔泉清發異香。

珍重封題報京洛，可知消渴賴瓊漿。

——查慎行：《敬業堂詩集》第 30 卷，第 9～10 頁，《四庫全書》集
部·別集類，第 1326 冊，第 393 頁。

0749. 閩茶曲十首〔註102〕

〔清〕周亮工

一

龍焙泉清氣若蘭，士人新樣小龍團。

盡誇北苑聲名好，不識源流在建安。

自注：建安貢茶，自宋蔡忠惠始。〔註103〕小龍團亦創於忠惠。當時有
士人亦為此之消。龍焙泉在城東鳳凰山下一名御泉。宋時取此
水造茶人貢。北苑，亦在郡城東。先是，建州貢茶，首稱北苑
龍團，而武夷石乳之名猶未著。至元，設場於武夷，遂與北苑
並稱。今則但知有武夷，不知有北苑矣。吳越間人頗不足閩茶
而甚豔北苑之名，實不知北苑在閩中也。

二

御茶園裏築高臺，驚勢鳴金禮數該。

那識好風生兩腋，都從著力喊山來。

〔註102〕周亮工（1612～1672），字元亮、緘齋、陶，河南開封人，明崇禎十三年進
士。著述有《賴古堂集》《印人傳》等。

〔註103〕蔡謨，北苑貢茶約始於南唐。

自注：御茶園在武夷第四曲，喊山臺、通仙井皆在園畔。前朝著令每
　　　歲驚蟄日，有司為文致祭畢，鳴金擊鼓臺上，揚聲同喊曰「茶
　　　發芽」井水既滿，用以製茶上供，凡九百九十斤，製畢，水遂
　　　渾濁而縮。

三

崇安仙令遞常供，鴨母船開朱映紅。

急急符催難掛壁，無聊祈盡大黃峰。

自注：新茶下，　崇安令例致諸貴人。黃冠苦於追呼，　盡研所種，　武
　　　夷真茶絕矣。潛篷船前狹後廣，　延、建人呼為鴨母。

四

一曲休教松枯長，懸崖側嶺展旗槍。

茗柯妙理全為崇，十二真人坐大荒。

自注：茗柯為松括所蔽，不近朝曦，味多不足，地脈伽分，樹亦不茂。
　　　黃冠既獲茶利，遂遍種之，一時松括樵蘇都盡。後百餘年為茶
　　　所困，復盡劉之，九曲遂灌澀矣，十二真人即從王子騫學道者。

五

救客秦淮盛自誇，羅囊珍重過仙霞。

不知薛老全蘇意，造作蘭香俏閩家。

自注：掀人閩漢水居桃葉渡匕予往品茶其家。見其水火皆自任，以小
　　　酒盞酌客，頗極烹飲。熊正如德山擔青龍鈔，高自矜許而已，
　　　不足異也。株陵好事者常俏閩無茶，謂閩客得閩茶，咸製為羅
　　　囊，佩而嗅之以代梅檀，實則閩不重漢水也，閩客遊株陵者，
　　　宋比玉、洪仲韋輩，類依附吳兒，強作解事，　賤家難而貴野驚，
　　　宜為其所消欲三山薛老亦秦淮漢水也。薛常言漢水假他味逼在
　　　蘭香，究使茶之本色盡失。演水而在，聞此亦當色沮。薛常住
　　　另扇，自為剪焙，遂欲駕汝水上。予謂茶難以香名，況以蘭盡。
　　　但以蘭香定茶，咫見也。頗以薛老論為善。

六

雨前雖好但嫌新，火氣難除莫近唇。

藏得深紅三倍價，家家賣弄來年陳。

自注：上遊山中人不飲新茶，云火氣足以引疾。新茶下，貿陳者急標
　　　以示，恐為新累也，價亦三倍。閩茶新下不亞吳越，久貯則色
　　　深紅，味亦全變，無足貴。

七

延津廖地勝支提，山下萌芽山上奇。

學得新安方錫罐，松蘿小款恰相宜。

自注：前朝不貴閩茶，即貢，亦只備宮中浣灌販蓋之需。貢使類以價
　　　貨京師，所有者納之。即間有採辦，皆劍津廖地產，非武夷也。
　　　黃冠每市山下茶，登山貿之。閩人以粗瓷膽瓶貯茶。近鼓山支
　　　提新茗出，一時學新安，製為方圓錫具，遂覺神采奕奕。

八

太姥聲高綠雪芽，　洞山新泛海天搓。

茗禪過嶺全平等，　義酒應教伴義茶。

自注：閩酒數郡如一，茶亦類是。今年得茶甚夥，學坡公義酒事，盡
　　　合為一，然與未合無異也。綠雪芽，太姥山茶名。

九

橋門石錄未消磨，碧豎誰教盡荷戈。

卻羨錢家兄弟貴，新街近日帶松蘿。

自注：蔡忠惠《茶錄》石刻在歐寧邑摩壁間，予五年前拓數紙寄所知，
　　　今漫德不如前矣。延郡人呼製茶人為碧豎富沙陷後，碧豎盡在
　　　綠林中。崇安殷令招黃山僧以松蘿法制建茶，遂堪並駕。今年
　　　予分得數兩，甚珍重之。時有武夷松蘿之目。

十

漚麻池竹斬樣桐，獨有官茶例未除。

消渴仙人應愛護，漢家舊日祀乾魚。

自注：上遊人漚麻為竺，邑竹為側理斬耕桐為器具，皆足自給，獨焙
　　　茶大為黃冠累。漢已乾魚祀武夷君。

——周亮工：《閩小紀》第1卷，祥符周亮工賴古堂，清康熙年間本，
　　　第25～27頁。

0750. **御製大悲寺詩**

〔清〕于敏中

林麓忽開處，居然見上方。

松風吹袂冷，山果落茶香。

替戾鈴聲靜，逶迤鳥道長。

停鞭一回首，霧靄已蒼茫。

——于敏中、英廉等：《欽定日下舊聞考》第 103 卷，第 30 頁，《四庫
全書》史部・地理類，第 498 冊，第 575 頁。

0751. **坐千尺雪烹茶作**

〔清〕乾隆

千尺雪原擬議名，名實畢竟難相爭。

譬如顛翁臨大令，真者在前終不成。

昨於泉上已喜雪，今乃泉上更喜晴。

汲泉便拾松枝煮，收雪亦就竹爐烹。

泉水終弗如雪水，似來天上潔且輕。

高下品誠定乎此，惜未質之陸羽經。

——乾隆撰，于敏中編：《御製詩集・四集》第 3 卷，第 33 頁，《四庫
全書》集部・別集類，第 1307 冊，第 298 頁。

0752. **題惠泉山房**

〔清〕乾隆

昔來遊惠泉，聽松試竹壚。

八角石欄干，明汲轉轆轤。

茶香滌塵慮，泉脈即此夫。

重臨探靈源，乃知別一區。

石梯拾級登，高下置精廬。

瀟灑綠琅玕，峭茜青芙蕖。

山茶及水仙，放香妍且都。

西北有空洞，洞前方塘虛。

淙淙出甘源，苓芬石髓腴。

對之坐逾時，笑我前遭徒。

境亦不可窮，奇亦難悉臚。

名泉自千古，豈藉膻薌吾。

——乾隆撰，于敏中編：《御製詩集·二集》第 68 卷，第 23～24 頁，
《四庫全書》集部·別集類，第 1304 冊，第 318 頁。

0753. 味甘書屋

〔清〕乾隆

寺後有書屋，偶然題味甘。

山泉堪煮茗，犀液正含嵐。

不擬吃茶偈，原非計椀貪。

小停旋命駕，西峪待幽探。

——乾隆撰，于敏中編：《御製詩集·三集》第 59 卷，第 15 頁，《四
庫全書》集部·別集類，第 1306 冊，第 242 頁。

0754. 東甘澗

〔清〕乾隆

一嶺中分西與東，流泉瀉澗味甘同。

吃茶雖不趙州學，樓上權披松下風。

——乾隆撰，于敏中編：《御製詩集·三集》第 80 卷，第 17 頁，《四
庫全書》集部·別集類，第 1306 冊，第 576 頁。

0755. 晚步鄰庵訪盤山和尚共話

〔清〕何五雲

緇塵無地愜幽尋，何處微風度梵音。

素碗茶香分菊色，空天月冷入松陰。

十年勞吏還家早，四正高僧避俗深。

相送柴門成一笑，霜枝驚起暮棲禽。

——蔣溥、汪由敦等：《欽定盤山志》第 14 卷，第 8～9 頁，《四庫全
書》史部·地理類，第 586 冊，第 293 頁。

0756. 卓錫泉

〔清〕鄭天采〔註104〕

高僧卓錫碧峰前，何意留來一線泉。

灑柳淨宜稱石乳，瀹茶香可傲龍涎。

渠成畢竟涵秋月，鑿漱依稀響夜弦。

解渴不無甘露味，源頭猶訝在西天。

——《雪峰志》第9卷，見杜潔祥主編：《中國佛寺史志彙刊》第2輯
第7冊，明文書局，1980年，第317～318頁。

0757. 方丈茶話

〔清〕施樵

松筠未便隔人間，即景樓尋豈是閒。

一榻對師心自遠，箇中認得萬層山。

——重興隆琦隱元等輯，獨往等編訂續修：《黃檗山寺志》第3卷，見
杜潔祥主編：《中國佛寺史志彙刊》第3輯第4冊，丹青圖書公
司，1985年，第349頁。

0758. 遊黃檗

〔清〕佚名

懸泉高拂竹千尋，萬樹未花雨有心。

路小又侵苔葉半，橋危偏引勝情深。

窮搜古蹟如終卷，痛快斜暉似惜陰。

僧偶開門筇偶倦，茶香欵欵輔幽吟。

——重興隆琦隱元等輯，獨往等編訂續修：《黃檗山寺志》第3卷，見
杜潔祥主編：《中國佛寺史志彙刊》第3輯第4冊，丹青圖書公
司，1985年，第350頁。

〔註104〕生平難考，著有《和釋月庵二十四景》，此《卓錫泉》為其一。

0759. 遊徑山

〔清〕胡朝

寶馬香車客，披雲謁上方。

龍孫依竹長，雀舌散茶香。

明月池猶在，靈雞冢獨荒。

古碑蒼蘚合，都是宋文章。

——《徑山志》第 10 卷，見杜潔祥主編：《中國佛寺史志彙刊》《中國
佛寺史志彙刊》第 1 輯，第 31～32 冊，丹青圖書公司，1985 年，
第 925 頁。

0760. 幽居

〔清〕胡文學

幽居門巷僻，滿榻落花深。

頗怪無童掃，翻諧謝客心。

游絲黏雀墮，飛絮攪蟬吟。

竹里風爐淨，茶煙冷不禁。

——胡文學：《甬上耆舊詩》第 24 卷，第 17 頁，《四庫全書》集部·
總集類，第 1474 冊，第 512 頁。

0761. 寒食紆秀上人禪房

〔清〕鄭文寶

花時懶看花，來訪野僧家。

勞師擊新火，勸我雨前茶。

——鄭方坤：《全閩詩話》第 1 卷，第 88 頁，《四庫全書》集部·詩文
評類，第 1486 冊，第 46 頁。

0762. 即事三首

〔清〕張英

一

年來性癖武夷茶，風味溫香比豆花。

融雪烹來忙小婢，故應清興似陶家。

二

地爐溫室障蒲簾，雪後曦光照短簷。

諫果拈來成一笑，何時澀盡始回甜。

三

千年古栝承光殿，一泓寒林太液池。

人在金鼇橋上望，滿天風雪散朝時。

——張英：《文端集》第 32 卷，第 14 頁，《四庫全書》集部·別集類，
第 1319 冊，第 562 頁。

0763. 虎岩聽竹

〔清〕黃驤雲

虎岩最勝虎邱差，岩勢邱緣竹勝花。

肖鳳鳴聲開律祖，學龍吟調譜仙家。

淇園春半風初到，湘浦秋深月又斜。

玉版參禪參未了，瓶笙入耳索僧茶。

——周璽：《彰化縣志》第 12 卷·藝文志·詩，見周憲文等編《臺灣
文獻叢刊》第 156 種，第 494 頁。

0764. 茶酒水相慢詩

〔清〕佚名

茶

戰退睡魔功不少，助戰吟興更堪誇。

亡國敗家皆因酒，待客如何只飲茶？

酒

搖臺紫府薦瓊漿，息訟和親意味長。

祭禮筵席先用我，可曾說著談黃湯。

水

汲井烹茶歸石鼎，引泉釀酒注銀瓶。

兩家且莫爭閒氣，無我調和總不成！

——據傳出自清代某部小說，但編者尚未能確證。

0765. 冠石

〔清〕林時益

城西之石峰嶙峋，冠石之冠古制存。

初以力耕久為客，時因避亂還成村。

窗間無數桂花葉，屋裏一株桃樹根。

山口竹林響清晝，遠林歸盡鋤茶人。

——謝旻：《江西通志》第 157 卷，第 54 頁，《四庫全書》史部·地理類，第 518 冊，第 607 頁。

0766. 將雪

〔清〕陶善

風冷天將雪，千山朔氣交。

凍雲初出嶺，寒鳥漸歸巢。

火活茶堪煮，詩成句欲敲。

呼童攜帚待，窗外墮簷茅。

——陶善：《瓊樓吟稿節鈔》，《卍續藏》第 62 冊，第 838 頁。

0767. 香嚴寺看菜花留贈紺池上人二首

〔清〕宋犖

一

為赴山僧約，南村看菜花。

黃雲晴野布，綠樹道場遮。

入院惟聞磬，隨緣且吃茶。

西堂誰貌取，鶴骨聳煙霞。

二

開軒仍在野，讀畫卻通禪。

僑仰香如此，林丘靜渺然。

竹雞喧暝色，江月破春煙。

詠罷淹歸騎，從師促和篇。

——宋犖：《西陂類稿》第 14 卷，第 12 頁，《四庫全書》集部·別集類，第 1323 冊，第 148 頁。

0768. 後蘇龕二首

〔清〕施士潔

一、大武壠秋夕

清夜不知倦，一燈眠獨遲。

豆棚風欲剪，竹屋雨如絲。

喚茗驚僮夢，焚香讀杜詩。

倐然千萬籟，秋在五更時。

——施士潔：《後蘇龕合集》第 3 卷，《臺灣文獻叢刊》第 215 種，第
51 頁。

二、遊竹溪寺

浴佛前一日，唐維卿廉訪招同倪耘劬太令、楊稱香孝廉、張游莱廣文、
熊瑞卿上舍、施幼笙茂才遊竹溪寺，次廉訪韻。

擬敏僧寮訪貫休，肩輿帶雨出城遊。

歷千百劫園林古，剩兩三分水竹幽。

境隔紅塵諸佛笑，香埋青冢五妃愁。

草雞漫話前朝事，半日茶禪品趙州。

——施士潔：《後蘇龕合集》第 3 卷，《臺灣文獻叢刊》第 215 種，第
51 頁。

0769. 正月三日南湖大雪用東坡先生清虛堂雪韻

〔清〕厲鶚

去冬晴暖草茁沙，青蠅醜扇蜂放衙。

天公與物壓疵癘，預儲萬斛空中花。

除夕陰陰星斗晦，籸盆樺燭明千家。

元化迴旋謹歲始，先驅風伯搖棲鴉。

奇寒特地作清瑩，一雪三日何紛葩。

樓臺高下若界畫，林薄雜糅誰梳爬。

老夫興發叫奇絕，徑往古寺尋僧茶。

繞湖躑躅看不足，出郭底須勞馬撾。

一峰竹外炯難寫，簽排凍指徒興嗟。

不如歸擁地爐坐，內景一氣含朝霞。

——厲鶚：《樊榭山房續集》第 1 卷，第 6 頁，《四庫全書》集部·別
集類，第 1328 冊，第 147 頁。

0770. 博山臺

〔清〕厲鶚

林端出延檻，四面皆雲山。

遙見夕陽徑，茶人顧渚還。

——厲鶚：《樊榭山房續集》第 2 卷，第 6 頁，《四庫全書》集部·別
集類，第 1328 冊，第 161 頁。

0771. 大圓上人惠紫菜補陀茶用山谷集中食筍韻

〔清〕厲鶚

平生嗜讀書，枵腹但貯菜。

勞勞求益心，屢問市兒賣。

上人空味塵，不羨萬羊宰。

掛席割海雲，衣色共難壞。

歸來包倭紙，償我清淨債。

香山供高禪，詩中費薑芥。

取用及齋盂，毋乃已傷介。

雷鳴候石鼎，雋永堪一嚃。

伴以梅岑春，松濤洗余噫。

景純賦已收，鴻漸經未採。

——厲鶚：《樊榭山房續集》第 7 卷，29～30 頁，《四庫全書》集部·
別集類，第 1328 冊，第 251 頁。

0772. 坐月冷泉亭贈巨公

〔清〕厲鶚

經年不入山，山月喜幽詣。

遂隨芒履行，出沒峰巘際。

清光倒泉心，瑣碎見松桂。

一輪澄孤圓，倚闌勝仰睇。

夜深春氣和，微風扇明霽。

龍宮疏鐘斷，澗響續迢遞。

林僧愛迎客，茶甌暗芳細。

何處雜花開，石路杖頻曳。

——厲鶚：《樊榭山房續集》第 7 卷，30～31 頁，《四庫全書》集部·
別集類，第 1328 冊，第 251 頁。

0773. 蠶豆和朱稼翁

〔清〕汪沆

豆子酥含綠玉凝，江鄉風物最先稱。

繰絲花外鵝初重，戴勝聲中莢已登。

竹塢流連燒筍客，石泉珍重試茶僧。

清甘並欲題三絕，轆釜朝來思不勝。

——厲鶚：《樊榭山房集》第 6 卷，第 26 頁，《四庫全書》集部·別集
類，第 1328 冊，第 83 頁。

0774. 即事四首

〔清〕曹雪芹

一、春夜即事

霞綃雲幄任鋪陳，隔巷蛙更聽未真。

枕上輕寒窗外雨，眼前春色夢中人。

盈盈燭淚因誰泣，點點花愁為我嗔。

自是小鬟嬌懶慣，擁衾不耐笑言頻。

二、夏夜即事

倦繡佳人幽夢長，金籠鸚鵡喚茶湯。

窗明麝月開宮鏡，室靄檀雲品御香。

琥珀杯傾荷露滑，玻璃檻納柳風涼。

水亭處處齊紈動，簾卷朱樓罷晚妝。

三、秋夜即事

絳芸軒裏絕喧嘩，桂魄流光浸茜紗。

苔鎖石紋容睡鶴，井飄桐露濕棲鴉。

抱衾婢至舒金鳳，倚檻人歸落翠花。

靜夜不眠因酒渴，沉煙重撥索烹茶。

四、冬夜即事

梅魂竹夢已三更，錦罽鸘衾睡未成。

松影一庭惟見鶴，梨花滿地不聞鶯。

女兒翠袖詩懷冷，公子金貂酒力輕。

卻喜侍兒知試茗，掃將新雪及時烹。

——曹雪芹：《即事四首》，《紅樓夢》第 23 回。

0775. 茶

〔清〕高鶚

瓦銚煮春雪，淡香生古瓷。

晴窗分乳後，寒夜客來時。

漱齒濃消酒，澆胸清入詩。

樵青與孤鶴，風味爾偏宜。

——尚達翔：《高鶚詩詞箋注》，中州書畫社 1983 年，第 25 頁。

0776. 無盡意齋茶詩七首〔註105〕

〔現代〕趙樸初

一

七碗受至味，一壺得真趣。

空持千百偈，不如吃茶去。

——傳為 1989 年 9 月 9 日「茶與中國文化展示周」題詩。

〔註105〕「無盡意齋」為趙樸初先生書齋名，先生大部分詩詞曾集為《無盡意齋詩詞選》出版，此處所選七首為較有代表性者。趙樸初先生流傳度最廣的禪茶詩實際是此處所錄第一首，奇怪的是《無盡意齋詩詞選》中並未選錄。據傳，此詩乃先生為 1989 年 9 月 9 日「茶與中國文化展示周」題詩。

二

閱盡幾多興廢，七碗風流未墜。

悠悠八百年來，同證禪茶一味。

——趙樸初：《無盡意齋詩詞選》，北京圖書館，2006 年，第 163 頁。

三

清心須清腹，日摩三百回。

何事最堪喜，飲茶第一杯。

——《無盡意齋詩詞選》第 191 頁。

四

茶有諸宗派，各制各有異。

但以喜心飲，一一有禪意。

——《無盡意齋詩詞選》第 191 頁。

五

吾愛榮西師，茶禪一味語。

和敬與清寂，四海來今雨。

——《無盡意齋詩詞選》第 191 頁。

六

禮失求諸兄弟邦，清心端坐領茶香。

展巾拭碗觀和敬，始識禪風意味長。

——《無盡意齋詩詞選》第 197 頁。

七

昔來歎空壞，今來喜成住。

欲招唐宋賢，來此吃茶去。

——《無盡意齋詩詞選》第 204 頁。

0777. 彩雲南茶歌

〔今〕馮天春

我家彩雲南，屋後是茶山。
幾處木瓦房，稀疏籬笆欄。
有時採茶去，有時空手還。
山風頻相送，白雲掩青岩。
一曲土茶歌，快飲三五碗。
夜圍火塘坐，紫芽乘月煎。
晨鳥銜光露，老松賦清歡。
聽罷無弦曲，古茶煮山泉。
極目山水心，旗槍自在展。
此際復種稻，青秧綠滿田。
禪茶同般味，山花無心參。
從來世間事，心安身亦閒。

——《禪茶康養》

0778. 禪茶次第頌

〔今〕馮天春

兩翼第一

一應身命煉養，二要體貼實相。
工夫須全兩翼，真正造化旗槍。

攝心第二

吐盡凡塵奔忙，攝心靜煮茶湯。
數盞澆灌之後，渾然無欲金剛。

空化第三

吃茶不過立相，工夫最在溫養。
身心致虛化極，能量自動流淌。

聚照第四

命門深處秘藏，本來一地金光。
勿忘勿助聚照，世味煮成真陽。

煉化第五

五臟六腑壯旺，三脈七輪盈強。
禪茶莫造戲論，煉化方能久長。

離空第六

茶境是個道場，恒常綻發清香。
空空寂滅深處，反照頓破迷牆。

療愈第七

病患不需掩藏，無非浮沉幻象。
看破清掃即可，我住不動道場。

日常第八

寂觀他人行藏，復觀自家心王。
日常專純洗煉，守好禪茶廟堂。

自在第九

無心聚散收放，也愛茶法禪床。
隨見隨觀隨破，化身自性茶香。

——《禪茶康養》

0779. 六根入茶

〔今〕馮天春

一、眼觀色

茶煙湯色本虛妄，自心愛取不肯放。
若見諸念自起伏，當下覺知三昧相。

二、耳聽空

野泉自流山自空，細石清光映霓虹。
隨手汲粼煮茶味，聽破爐聲入圓通。

三、鼻嗅香

寂坐吾廬守茶湯，聞香見性總尋常。
再煮一壺老茶頭，有意無意聞幾場。

四、舌嘗亂

甘苦稍嘗妄心起，不知默守還論議。
名山名器又揀擇，爭入禪茶波羅蜜！

五、身觸輕

臟腑經絡通茶勁，手足毛孔發汗輕。
化入空空離形處，天地何事非我心！

六、意識光

自家心王坐禪門，六根所觸盡離塵。
茶事內外無執計，心光隨口飲幾分。

——《禪茶康養》

0780. 吃茶三參

〔今〕馮天春

一、參吃茶去

趙州吃茶最凌厲，縱橫旗槍立絕地。
又見六賊慣思量，千年參究還逃逸。

二、參百丈三訣

極工夫處無工夫，百丈三訣直出入。
明明吃茶珍重歇，偏偏心中有一物。

三、參禪茶一味

不悟道性義難清，偽託茶髓出克勤。
禪茶茶禪猶諍辯，一味名言五味心。

——《禪茶康養》

0781. 煮禪

〔今〕馮天春

一、夕陽煮

湖外遠山紅霞，輕風歸鳥煮茶。
瀹盡前生來世，恍惚金童蓮花。

二、雪月煮

萬古長空煮月，獨運自家心訣。

生機流注遍滿，皎皎清輝銀雪。

三、無心煮

吟詠漢唐辭章，吞吐日月意象。

天地茶法溫煮，生死有無空忘。

——《禪茶康養》

0782. 雞足山問禪

〔今〕馮天春

隱入雞山問禪法，華首壁前習那伽。

拈花一笑傳秘印，祖師飲光我飲茶。

——《禪茶康養》

0783. 無相茶

〔今〕馮天春

禪茶工夫，不分今古。

既見道諦，可僧可俗。

煉養性命，或烹或煮。

一盞入神，自證甘苦。

——《禪茶康養》

0784. 春山空

〔今〕馮天春

山風無事織蔥蘢，一嶺旗槍展綠紅。

我見自心頻揮舞，原來不空才是空。

——《禪茶康養》

0785. 極簡茶法

〔今〕馮天春

古今茶法非玄門，紛繁牢籠自織成。

心既天真法易簡，一拿一放一閒人。

——《禪茶康養》